U0566848

2022

从数字生活

到数字社会

中国数字经济年度观察

美团研究院 ◎ 编著

人民出版社

2022

迈向数字社会

中国数字经济年度观察

美图研究院 ○ 编著

人民出版社

编者的话

2021年,是我国数字经济发展至关重要的一年。10月18日,习近平总书记在主持十九届中央政治局第三十四次集体学习时强调,"要站在统筹中华民族伟大复兴战略全局和世界百年未有之大变局的高度,统筹国内国际两个大局、发展安全两件大事,充分发挥海量数据和丰富应用场景优势,促进数字技术与实体经济深度融合,赋能传统产业转型升级,催生新产业新业态新模式,不断做强做优做大我国数字经济"。

2021年,习近平总书记先后主持中央财经委第九次会议、中央深改委第二十一次会议,为平台经济这一近年来在我国数字经济领域最为活跃的新型经济形态的规范健康发展指明了方向、擘画了蓝图,强调"要坚持正确政治方向,从构筑国家竞争新优势的战略高度出发,坚持发展和规范并重,把握平台经济发展规律,建立健全平台经济治理体系",鼓励支持企业在促进科技进步、繁荣市场经济、便利人民生活、参与国际竞争中发挥积极作用。在这一年,《"十四五"数字经济发展规划》正式印发,国家相关部委联合出台了《关于推动平台经济规范健康持续发展的若干意见》。

本书付梓之时,2022年已经岁半。过去半年,数字经济、平台经济领域又发生了很多新的变化,发展更为有序、更为健康。今年上半年在全国多地新冠疫情持续散发多发的过程中,我们看到数字经济发挥了自身的高效、灵活和韧性,在民生保供、稳定就业、促进复工复市、提振消费信心等方面产生了积极的作用。

今年 1 月 17 日，习近平总书记在出席 2022 年世界经济论坛视频会议并发表演讲时指出，"我们要在历史前进的逻辑中前进、在时代发展的潮流中发展。我们要善于从历史长周期比较分析中进行思考，又要善于从细微处洞察事物的变化，在危机中育新机、于变局中开新局，凝聚起战胜困难和挑战的强大力量。"

期待通过本书，各位读者可以在从数字生活到数字社会的诸多细节中思考体会时代的潮流，进而在自己的工作生活中为数字经济的发展贡献自己的一份才智、一份力量。

编者

2022 年 6 月

目 录

美好瞬间

26 张照片，26 个细节

年度真知

用户篇

开局第一步　用户消费回暖后的新选择 017

- 数字化缓解银发经济供需矛盾　年轻人理性消费带热本土品牌 019
- 绿色消费彰显用户节俭品质，家门口也能游出新玩法 027
- 品类品质双升级　小镇生活与城市同频共振 034
- 专家观点：拓展数字经济发展新空间 040
- 专家观点：扩大中等收入群体应做到"稳中容变" 047
- 研究报告：2021年生活服务消费运行情况分析 051

产业篇

科技创新激活产业新模式、新业态 063

- 信息技术应用层出不穷　科技创新驱动"中国智造" 065

- 数字技术为服务业创造新增长空间 …… 073
- 柳州螺蛳粉和鹤岗小串：工业城市的地标小吃产业样本 …… 083
- 专家观点：以"社区电商"推动供应链数字化转型 …… 089
- 专家观点：科技创新激活产业新业态新模式 …… 097

新职业篇

新职业有了"国标"，数字化打开就业新空间 …… 106

- 数字化催生新职业，"高新细"职业成就业香饽饽 …… 108
- 从城市到农村，数字化拓宽重点人群就业路 …… 115
- 编织灵活就业防护网　权益保障在探索中完善 …… 121
- 专家观点：探索可持续的"零工保障"机制 …… 128

社会篇

有力度　有温度　社会治理加快智能化步伐 …… 136

- 疫情防控两手抓，科技助力社会治理有的放矢 …… 137
- 兼具宜居与智慧，城市数字化更加"接地气儿" …… 142
- 在摸索中前行　"数字碳中和"起步 …… 150
- 专家观点：社会管理智能化的焦点与场景 …… 157
- 专家观点：数字经济支持能源和经济转型的实现 …… 163

公益篇

助力第三次分配　数字技术发挥向善力量 ……………………………173

- 公益走向大众化，互联网拓展第三次分配主体 …………………175
- 数字化凝聚合力，公益迎来多元共创 ……………………………181
- 拓展捐赠边界，数字技术激发公益蓬勃动能 ……………………189
- 专家观点：数字化是撬动乡村振兴和共同富裕的强大杠杆
  ——乡村振兴视角下数字科技的社会价值简析 …………196

- 书中关键词 …………………………………………………………203
- 城市案例 ……………………………………………………………205

美好瞬间

（上）生活在重庆江津中山古镇的苟小清，刚取回前几天网购的一箩筐生活用品。

（下）许多滑雪爱好者利用节假日和周末来到附近的滑雪场，体验滑雪、雪圈、雪地平衡车等项目，尽享冰雪运动带来的趣味和快乐。

（上）12月19日，国潮IP"我不是胖虎"东北首展亮相沈阳，吸引市民观赏，同时给即将到来的虎年增添了节日气氛。

（下）山西省太原市，市民的爱犬在一家宠物餐厅享用宠物美食。

（上）9月3日，2021年中国国际服务贸易交易会在北京举行，在国家会议中心展区，一位参会者在故宫博物院展台观看结合数字技术进行展示的《冰嬉图》。

（下）民间有"二月二剃龙头"的说法。劳模理发师为美团骑手、网约车司机等新就业形态劳动者提供免费理发，送去"好彩头"。

（上）越来越多的公众对绿色消费青睐有加，比如在饮食方面，消费者通过食用小份菜来践行反餐饮浪费。

（下）2022年1月，一台5G智能巡检机器人和运维人员一起对安徽省滁州市"京沪高铁"定远站供电设备进行巡检，全力保障春运期间安全可靠用电。

（上）9月11日，在2021世界机器人大会上，集萃智造双臂协作"手"冲咖啡机器人吸引游客拍照。

（下）12月17日，美团在深圳·星河WORLD开设国内首条产业园内的无人机配送常态化试运营航线，打造国内首个无人机配送全覆盖的智慧产业园区。

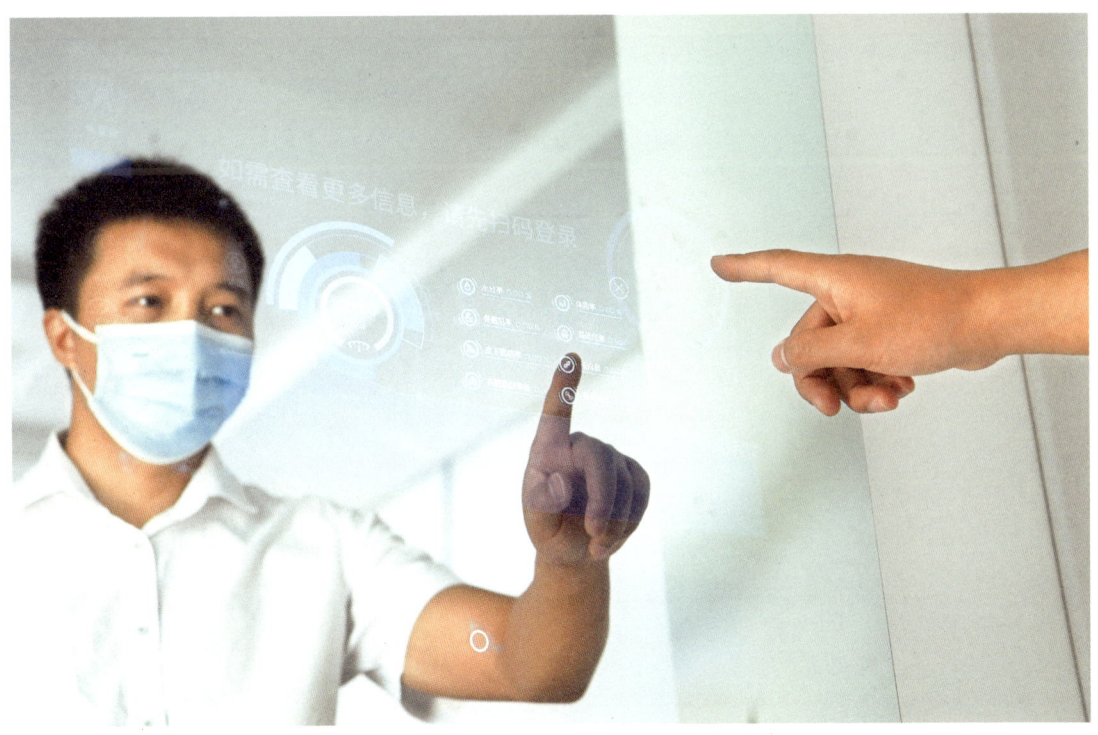

（上）10月13日，数十名广西柳州市鹿寨县平山镇的妇女进行豆角采摘比赛庆祝丰收。随着柳州预包装（袋装）螺蛳粉的走红，原料之一的豆角销售紧俏，农民因此增收。

（下）8月19日，工作人员正展示智慧卧室内的智能镜。

（上）2022年3月7日，在安徽省铜陵市义安区西联镇110兆瓦"渔光互补"光伏发电项目施工现场，电力工人抢抓晴好天气加快施工进度。

（下）1月25日，就餐人员在北京冬奥会主媒体中心智慧餐厅体验智能送餐服务。在疫情防控的环境下，可最大限度地节省人力，避免过多的人员交互。

（上）2021年10月15日，北京一调饮师选手在参加第二届全国咖啡师职业技能竞赛。

（左）自动配送车安全员在为美团自动配送车做调试。

（上）在中国一冶承建的天津市北辰东道道路、综合管廊及附属工程 PPP 项目上，管廊运维员正在对巡检机器人反馈的技术数据进行调试。以后不需要进入管廊内部，就能了解运营情况。

（下）2021 年 7 月 7 日，上海世博展览馆，交通银行、中国建设银行等传统银行在世界人工智能大会上主推数字人民币业务。

（上）11月26日，广东省广州市，观众在广东省展区内参观"粤治慧平台"。

（下）外卖配送员李航正在智能取餐柜前，用手机扫码开柜。有了取餐柜后，他配送更方便了。

（上）2021年9月28日，国内首条"青山可持续餐饮街"在西安中贸广场落地。

（下）北京东城大雅宝社区，越来越多的居民在步行十五分钟范围能可享受到方便快捷舒适的服务。

（上）江苏省如皋市城南街道新华社区党员志愿者走进当地国强家庭农场无花果种植基地，开展助农直播公益活动，助农销售无花果。

（左）生活在贵州山区的孩子正在美团捐赠的操场上开心地玩耍。

（上）河南郑州，UU跑腿骑手汪舰楠和女儿在家中玩耍。2021年，他加入了美团"袋鼠宝贝公益计划"，该计划致力于为全行业有需要的骑手家庭提供公益帮扶。

（下）美团"乡村儿童操场"公益计划为西藏日喀则市扎西宗乡完全小学附属幼儿园捐建新操场。

年度真知

用户篇 016
开局第一步
用户消费回暖后的新选择

产业篇 062
科技创新激活产业新模式、新业态

新职业篇 105
新职业有了"国标"，
数字化打开就业新空间

社会篇 135
有力度　有温度
社会治理加快智能化步伐

公益篇 172
助力第三次分配
数字技术发挥向善力量

用户篇

开局第一步
用户消费回暖后的新选择

　　消费是我国经济平稳运行的重要动力。2021年中央经济工作会议提出，促进消费是扩大内需的重要内容，对加快构建新发展格局意义重大。疫情仍未完全消去的2021年，中国这个世界最大规模的国内消费市场交出成绩单：全年社会消费品零售总额超过44万亿元，重返40万亿元的关口，比上年增长12.5%。同时，我国实物商品网上零售额首次突破10万亿元。新业态丰富了人们的消费方式与内容，也满足了人们对美好数字生活的不懈追求。

　　在稳中有升的消费市场，我们见证了数字经济下的消费新面貌：适老化改造不断完善，让1.2亿老年网民的数字生活有了更多新选择，也拉近了与子女的距离；年轻人从爱花钱变成会花钱：在理性消费的浪潮中为自己的热爱埋单，既热衷平价替换，也为爱宠和冰雪运动消费，而买走30%国货的"Z世代"们也给了国产品牌更多自信。

　　与此同时，绿色消费蔚然成风：小份菜搜索量增长超五成，绿色家电、新能源车成消费首选；运动健身热情不减：人们一面宅家跟随APP健身，一面在外寻求射击、射箭新兴玩法；近郊夜游提质换挡，"红绿旅游"交相辉映，人们既追求住宿品质，也渴望亲近自然……

　　另一方面，小镇青年消费品质与品类持续升级：县域商业综合体不断涌现、电商加速下沉，让人们在家门口也能享受到丰富多彩、智慧便捷的生活方式。不仅提振了小镇青年的消费热情，还巩固拓展脱贫攻坚成果。

数字消费推动了产业提质增效，拉动了经济增长，为百姓的幸福和社会的稳定提供了有力的支撑，这种支撑让老少有所求，民众有自信，也让低碳发展有抓手，脱贫攻坚能持续。在持续扩大内需的发展基调下，数字经济为激发民众消费潜力提供了新思路，融合了便利化、多样化、个性化的新消费业态让居民愿意消费、敢于消费且理性消费，加速了居民消费的恢复速度，让这驾拉动经济增长的马车得以持续奔跑下去。

▶ 数字化缓解银发经济供需矛盾
年轻人理性消费带热本土品牌

走进北京市崇文门东大街的一户五口之家，门口鞋架上的女式运动鞋、厨房里的一袋土豆，都是 63 岁的廖阿姨最近在网上购买的。3 年前，廖申从辽宁抚顺来到北京帮忙照顾孙女，网购日益成为她购物的重要渠道。

"前几天网上买的 5 斤土豆，不到 10 块钱，比菜市场还便宜"。在廖阿姨看来，相比商场，在网上买东西便宜、实惠，又不用麻烦儿女，"我需要的衣服、鞋子、日用品比较难买到，而且平时儿女工作忙，不想总打扰他们。"

网上购物、刷短视频、视频聊天已经成为当代老年人生活中不可缺少的一部分。第 48 次《中国互联网络发展状况统计报告》显示，截至 2021 年 6 月，我国 60 岁以上老年网民达到 1.19 亿，且增速远高于整体，成为互联网时代不可忽视的用户群体。

银发一族的晚年生活关乎社会发展稳定，数字经济给了老年群体与时代接轨的契机，让数字经济更好地普惠至老年群体也成为应对我国人口老龄化的有效手段。2021 年重阳节期间，习近平总书记对老龄工作作出重要指示，要大力弘扬孝亲敬老传统美德，落实好老年优待政策，维护好老年人合法权益，发挥好老年人积极作用，让老年人共享改革发展成果、安享幸福晚年。

老年人触网生活需要社会"搭一把手"，《从数字生活到数字社会：中国数字经济年度观察 2021》一书中提到，用适老化的产品和服务填补代际数字鸿沟，才能让老年人真正享受到数字时代的馈赠。2021 年 1 月起，我国正式开展为期一年的互联网应用适老化及无障碍改造专项行动，并在 4 月出台了《互联网网站适老化通用设计规范》和《移动互联网应用（APP）适老化通用设计规范》，明确了网站与移动互联网应用适老化改造的规范，进一步降低了老年人使用互联网的技术门槛。自行动开展以来，国内已有 217 家网站和互联网应用初步完成了适老化改造，取得了阶段性成效。

除字体放大、语音播报、界面简洁等通用性改造，让老年群体使用互联网服务更加简单省心外，针对一些特殊使用场景，多数 APP 也作出了优化，比如中国工商银行手机银行推出幸福生活版，子女可以通过亲情账户协助父母进行手机银行注册、代缴充值、查询转账等操作，并设置一键求助功能，方便老年客户在使用过程中随时向子女咨询；美团门票围绕老年人的需求线上线下并行改造，推出关怀版，在简洁界面的基础上实现智能化引导，完善代预约能力，同时联合多家景区，为老年人设立专属入园通道。

此外，一些企业还开展了形式丰富的宣传活动，通过社区上门等服务，教老年人使用电子产品。比如京东在线下实体设立暖阳专区，为老年顾客提供专门解答、专人导购和现场辅导演示等贴心服务。携程也通过线下门店教老年人使用优惠券网络购物、缴纳水电气费、设置健康出行码等。

在消费内容上，老年人的产品和服务需求也有所增加。京东发布的《2021 老年用户线上消费报告》显示，2021 年线上老年健康服务类商品数量增长超 10 倍，无糖糕点、营养保健品、珠宝首饰等细分品类深受老年人的喜爱。一些专门售卖中老年服饰的店铺相关产品月销量可达几千到数万。

在体验需求上，报告指出，2021 年前三季度，老年人线上旅游消费增长 10 倍，齿科消费增长 8 倍，健康体检增长 2 倍，洗衣服务、生活缴费也呈高倍数增长。在娱乐内容上，《2021 抖音银龄社会责任报告》也显示，"老年人广场舞大全""原生态乡村生活""老年人健身视频"等相关视频内容都有着较高热度。

一面是银发群体的旺盛消费需求，另一面则是供给水平的不断提升。2021 年 10 月，工信部、民政部、国家卫生健康委印发了《智慧健康·养老产业发展行动计划（2021—2025年)》，提出要丰富智慧健康养老产品及服务供给，提升适老化水平，提高供给质量，促进供给侧与需求侧更高水平动态平衡。各地政府推出更有针对性的举措和服务，比如北京银保监局发布了《关于辖内银行保险机构切实提升老年人金融服务质效有关事项的通知》，并配套推出"消保守护"微信小程序，用老年人看得懂、听得进、用得上的方式普及金融知识。

相关企业在不断完善适老化改造的过程中，也在满足并挖掘老年人新需求，比如美团优选推出了"孝心单"服务。子女可以通过"孝心单"远程为父母下单，第二天老人们即可收到站长送来的商品；京东开展了孝老爱老购物节，为老年人提供专场网购空间。抖音发起"老友计划"，招募老年用户代表，参与抖视频特效、模板研发等事项。

志愿者正在为老年人手机办理核酸检测预登记

值得关注的是，在学会使用移动互联网之后，不少老年人陷入了"数字沉迷"。艾媒研究院发布的《2021年中老年群体触网行为研究报告》显示，

51%的中老年日均上网时长超过 4 小时。昼夜刷视频，茶饭不思成为不少"银发低头族"的新常态，这也给健康问题和网络诈骗提供了温床。对此，有专业人士呼吁，帮助老年人合理"触网"需要多方努力，政府部门要做好反诈反骗工作，组织老年人安全用网等"干货"培训，企业应该在自己的应用内加入时间提示功能，提醒老人自我调节。更多的，年轻人应该主动关心和陪伴父母，让老年人在家里"有事可干""有情可依"。目前已有一些企业采取了行动，比如 2021 年重阳节前夕，趣头条推出"断网一小时"老年人关爱行动，倡导年轻人放下手机，在现实生活中陪伴老人，并为老人提供心理援助网络专线，公益"体检"支持，倡导社会参与老年公益行动。

与热衷于网购"买买买"的中老年群体不同，早已熟悉网络的年轻人在消费上多了些理性。这种理性并非一味克制自己的消费欲望，而是更清楚哪些值得追求高品质，哪些可以有更具性价比的选择，"骑自行车逛酒吧，该省省该花花"一句流传于年轻群体的调侃，成为这一现象的真实写照。

2021 年双十一期间，各大电商平台累积销售额近万亿元，然而，在全网消费热情高涨的时候，一批"反消费主义"的声音出现。在豆瓣"消费主义逆行者"的小组中，有 30 多万人共同抵制消费主义，他们鼓励各位组员分享买过的踩雷品、智商税品、伪需求品，帮助其他组员省钱省心。这一群体并非少数，豆瓣上类似的消费理念下还有其他小组，例如"攒钱组"有 58 万人，"今天消费降级了吗"小组有 32 万人，"极简生活"小组有 34 万人。每个小组的成员都在讨论着如何过出更加节俭的生活，掀起一股互联网"反过度消费"潮流。

在这一主张下，平替品成为他们的首选。《消费日报》公布的 2021 年消费领域五大热词中，"平替"一词入选在列。从化妆品到小家电，从网红食品到网红景点，在社交消费网站上搜索"平替"二字，结果令人眼花缭乱。"平替"受热捧，传递出一个清晰的消费信号：曾经的"剁手族"，不再留恋刷爆信用卡清空购物车带来的满足感，而是越来越理性务实了。

另一方面，对于心仪的商品和服务，年轻人的消费热情并未衰减，几千块的私教课，几百块给爱猫洗一次澡，为个人爱好埋单，富养爱宠成为大头支出。

职场新人顾程橙常年"潜水"在"拔草组"。在平时组内辣评的耳濡目染下，她的不少消费需求都被劝退，成为朋友眼中的"佛系青年"。不过，在双十一期间，她还是将手机里收藏已久的私教课介绍打开，在反复思考并上过体验课后，趁着店面举办优惠活动购买一套价格不菲的私教课。顾程橙将这一次的"大手笔"作为自己辛苦一年的奖励。"虽然价格不便宜，考虑到健康，这笔钱花得值。"

此外，很多年轻人也"斥巨资"向宠物表达爱意。美团数据显示，2021年，宠物相关的订单量同比增长约62%，宠物相关的消费额同比增长近35%。

随着北京冬奥会的举办，人们对冰雪消费的热情也被激发出来，京东春节消费数据显示，滑雪运动类商品整体成交额同比增长322%，滑雪裤、滑雪镜、单板滑雪板、滑雪服、滑雪鞋等都取得了较高增长，奥运会吉祥物"冰墩墩"周边更是被全民疯抢。不难看出，年轻人的"精致穷"是"穷"在生活必需品，"精致"在精神必需品。

与此同时，年轻人在满足精神追求的过程中有了更多的文化自信，让"国潮消费"真正从一种现象成为一种潮流。《百度2021国潮骄傲搜索大数据》显示，国潮在过去十年关注度上涨528%，2021年国货品牌关注度达到洋货品牌的3倍。京东《2022年中国新消费品牌发展趋势报告》显示，95后在线上消费者中的人数占比为10%，却买走了超过30%的国货商品，贡献了近4成国货商品的成交额，已然成为国潮的消费的主力军。此外，古筝热、国画热、书法热也在年轻人群体中兴起，笔墨纸砚等成为网红商品。

年轻人用口袋里的货币，实打实地把票投给了国货，也让国产品牌变得足够自信，并加速了中国文化的对外输出，百雀羚、大孚飞跃、梅花牌、同仁堂等一众老字号在设计上开始植入更多中国元素，并逐渐远销海外；本土咖啡品牌Manner也一直在尝试"中式咖啡"：用光明致优的娟姗牛奶调试"上

游客在北京王府井商业街上的"国潮"时尚北京展游览

海拿铁",用云南处理茶的工艺来发酵咖啡豆,其创始人相信,上海的咖啡品牌会走出国门,代表中国与世界交流。

此外,一些新晋国货品牌更是以中国特色起家,比如墨茉点心局主打中式烘焙,让以往只受老年人关注的中式糕点受到年轻人的喜爱。

国货品牌拉动国潮消费,国潮消费刺激国货品牌。这也是近年来政府不断强化文化建设的成果,伴随着数字经济的发展,用数字赋能文化成为持续建立中国人文化自信的重要方式。"十四五"规划和2035远景目标纲要明确提出,要实施文化产业数字化战略,加快发展新型文化企业、文化业态、文化消费模式。如今,国潮消费正借助数字化手段焕发出新生机。比如始创于清朝同治年间的眼镜老字号毛源昌就利用线上渠道,开启云配镜模式,结合移动验光车实现上门服务,不断优化增值服务。

基于国内一系列消费刺激举措,我国消费市场克服疫情带来的不利影响,呈现稳步恢复态势,展现出活力和韧性,实现了"十四五"良好开局。

同时，数字化成为引领消费扩容升级的重要引擎，当老年人消费需求被不断激发，年轻人在理性消费中建立民族自信，我们看到了数字化发展给社会带来的消费需求。

延伸阅读

美团上线门票预约关怀专区和一键叫车功能，服务老年人出行

疫情之后，各地景区落实"限量、预约、错峰"的政策要求，通过智慧手段持续推进预约旅游，保证安全有序开放和游客的出游安全。但是对于部分老年朋友来说，也面临着一些难题。

"现在进景区都用手机了，我这也不咋会用，每次去公园都要在门口着急等好久"。

北京东城区王大爷说出来很多老年人出游的痛点。

针对老年用户的使用习惯，2021年，美团门票上线了"线下门票预订关怀版专区"。专区页面的字体更大，老年人更关心的价格、预约时间等信息得到了突出显示，预约流程也较之前的三步缩短为一步，大幅简化了操作流程，省时省力，有效提升了老年人的出游体验。

在线下，美团还联合云南丽江古城、延安杨家岭革命旧址、吉林省博物院等20余家老年用户最经常旅游的景区启动了适老爱心改造试点工作，在线下的景区入口为老年人设立专属入园通道，协同社会服务工作者为老年人提供人工帮扶、信息引导等工作。

2021年开始，在交通运输部的指导下，美团打车升级了老年人服务体系，在上海、南京试运营了"一键叫车"功能，优化界面并配备语音助手。用户可通过扫二维码或点击美团的微信小程序，进入老人打车页面，无须输入起点和终点，即可呼叫周边车辆接

驾。上车后，司机询问老人目的地并帮助其输入地址，即可直接前往，实现了极简操作，提升了老年人的出行效率，很大程度上解决了老年人在智能技术面前遇到的出行难题。

绿色消费彰显用户节俭品质，家门口也能游出新玩法

浙江瑞安市的年轻妈妈叶子楣最近在森马电商上为儿子买了一件毛衫。这款毛衫使用了一种新型的环保再生PET面料，每吨成品可以节约6吨石油。毛衫采用的纺前染色方式，还能减少后续染色工艺环节的污染。

和叶子楣一样，江西贵溪市居民方雯也比较关心购买的商品是不是绿色环保的，在超市里选购年货，一款标有"中国有机产品"的彭湾乡香米吸引了她的注意。在认真检查标识和防伪涂层后，她一口气购买了5袋。"家里有宝宝，格外注重食品的品质，买东西的时候，除了看生产日期，还要看'三品一标'，这样才吃得放心。"方雯说。

环保服装、有机食品、环保购物袋、新能源车……无论是商场还是餐厅，随处可见各类绿色标识和环保倡议，人们的生活被绿色低碳理念浸染，伴随而来的是越来越多的公众对绿色消费青睐有加，且已经渗透到衣食住行用生活各个领域。比如在饮食方面，消费者通过食用小份菜来践行反餐饮浪费。美团数据显示，2021年，用户在美团平台主动搜索"半份菜、小份菜、小份菜套餐、单人套餐、一人食套餐"等关键词近441万次，同比增加了52.5%。在用方面，消费者也更倾向于选择节能产品，苏宁数据显示，2021年双十一期间，节能冰箱销售增长67%，新一代能效空调销售增长89%。在出行方面，新能源车也受到热捧，工信部数据显示，2021年，我国新能源汽车销量达352.1万辆，同比增长1.6倍，占新车销售比例跃升至13.4%，同比增长8个百分点。

促进绿色消费，不仅是消费领域的一场深刻变革，更事关整个生产生活

方式的绿色低碳转型。习近平总书记在中华人民共和国恢复联合国合法席位 50 周年纪念会议上的讲话指出，世界各国应该采取实际行动为自然守住安全边界，鼓励绿色复苏、绿色生产、绿色消费，推动形成文明健康生活方式，形成人与自然和谐共生的格局，让良好生态环境成为可持续发展的不竭源头。

在我国实现碳达峰碳中和目标，顺应推动经济高质量发展内在要求下，不断促进和完善绿色消费制度政策体系日益迫切。我国在 2016 年就出台了《关于促进绿色消费的指导意见》，对绿色产品消费、绿色服务供给、金融扶持等进行了部署。2022 年 1 月，国家发改委等七部门印发了《促进绿色消费实施方案》（以下简称方案），明确到 2025 年要实现绿色消费理念深入人心、奢侈浪费得到有效遏制、绿色消费方式得到普遍推行，给绿色消费提供了切实可行的制度性框架。

许多地方已经在探索绿色消费的落地路径，比如，近年来福建省完善创建体系，推动绿色商场在节能降耗减碳、促进绿色发展方面发挥示范和标杆作用。2020 年至 2021 年度，全省共有 32 家创建单位获评福建省绿色商场，其中建筑面积 10 万平方米以上的大型商场 7 家；重庆南岸区也通过鼓励引导，着力打造绿色商场，为消费者提供绿色服务，引导绿色消费、实施节能减排、资源循环利用，推动绿色发展。

《方案》还指出，要强化绿色消费科技和服务支撑。这就需要科技企业站出来，为推进绿色消费集思广益。目前，各生态企业已经根据自己的业务特点作出尝试，比如《方案》指出要加快食品消费绿色化水平，美团外卖将"餐具数量"设置为用户下单前的必选项，并上线了多元化小份餐品、菜品信息描述标准化等多种方式，帮助用户按需点餐、精准选择。《方案》还强调推动产供销全链条衔接畅通，加快发展绿色物流配送，并拓宽闲置资源共享利用和二手交易渠道，构建废旧物资循环利用体系。京东、美团等在快递、外卖包装环节持续推动使用绿色包装或包装回收再生循环经济；咸鱼、转转、多抓鱼等推出了二手服饰平台，用户可以将衣物放在微信小程序或

安徽省合肥市庐阳区大杨镇政府机关食堂，就餐的人员购买小份菜

APP 上进行买卖。

不只绿色消费，数字化供给水平的不断提高还提升了人们健康消费的意愿。智能健身镜/健身房、线上健身 APP 等产品和应用的普及降低了人们运动门槛，奥运会、冬奥会的陆续召开激活了人们的运动热情，加之国务院发布了《全民健身计划（2021—2025 年）》为大众体育健身提供了便利条件，这些都让人们对健康生活有了更高的期待。

中国体育用品业联合会发布的《2021 年大众健身行为和消费研究报告》显示，我国大众健身每人年均总消费为 5670 元，环比增长 35%，其中在健身消费投入 8000 元以上的用户占比已接近 1/4。一方面，运动器材逐渐走入寻常百姓家，运动达人们通过 APP 在线上就能完成健身运动。抖音电商平台数据显示，东京奥运会期间，体育健身用品销售火爆，成交额同比增长 365%，Keep 瘦身操"燃脂派对"在线用户已超过 3000 万人。另一方面，大众走出户外，参与公共运动的热情飙升。美团数据显示，2021 年，射击、射箭等新兴运动线上订单量同比增长超 85%。超级猩猩、乐刻运动这样的线下新概念健身房也受到越来越多年轻人的喜欢。

挡不住的还有人们出游的热情，受疫情散点多发的影响，人们在尚不能实现完全的"诗和远方"自由的情况下，选择了在家门口欣赏湖光山色和风土人情。

天津市六埠田园景区的千亩稻田、百亩睡莲，是游客集中打卡之地。来自天津市河西区的吕潇文带着 60 多岁的父母来此度假。"疫情仍在继续，但生活要充满色彩。今年国庆节，我们一家人都不出天津了，只在近郊游。"

与吕潇文的想法一样，越来越多的游客开始关注近郊游。无论是周末假期，还是国庆黄金周，家门口"微度假"让游客出游行程不再仓促，也有效降低了疫情扩散的风险。中国旅游研究院与马蜂窝联合发布《2021 全球自由行报告》显示，周边游的热度较 2020 年同期增长 251%。有 61.6% 的游客选择在目的地停留 1—3 天。有旅行社经理表示，十一期间，近郊游线路最火爆，"大多都是举家出行，很多线路提前一周就已经订满了。"

虽然不出远门，但人们对旅游的品质要求并没有降低，住得好，吃得好，玩得好成为游客刚需。驴妈妈旅游网数据显示，虎年春节期间，高星级酒店以及主题乐园周边酒店预订量同比增幅达 63%。途家民宿数据显示，2022 年春节期间均价超 7000 元的全国整租小院、独栋民宿订单量同比上涨五成。"酒店＋年夜饭""酒店＋景点玩乐门票""酒店＋SPA"等组合套餐产品也备受喜爱。此外，预约当地向导、周边精致露营、租车自驾本地游、精致旅拍等服务需求增长明显，且呈现年轻化趋势。

人们对近郊游的高品质追求也对旅游供给提出了高要求。为了贯彻落实《国务院办公厅关于进一步激发文化和旅游消费潜力的意见》，文旅部在 2021 年 11 月确定了第一批国家级夜间文化和旅游消费集聚区名单，并提出要加大政策资金支持力度，丰富文化和旅游业态，优化产品和服务供给，规范文化和旅游市场秩序等一系列具体方针，促进夜间文化和旅游经济发展。北京前门大街、上海外滩风景区、哈尔滨中央大街等以夜间出行为主的特色风景区为本地游，近郊游树立了典范。各个地方也在围绕本地特色深度挖掘城市夜间旅游特色，满足人们对美好生活的需求。比如 2021 年春节期间，四川自贡就凭借着超大规模多彩绚丽的灯会，吸引了大批川渝地区民众前来参观，引得无数网友艳羡。据悉，这场历时 8 个月的灯会累积吸引了观灯游客达 108 万人次。

游客在自贡中华彩灯大世界景区游览赏灯

在家门口收获风景外，也有不少游客选择将旅游目的地放在革命老区和世外桃源。2021 年适逢建党一百周年，人们通过"重温峥嵘岁月"的方式为党庆生，大批游客在节假日重走革命旧址，参与主题活动。《中国红色旅游消费大数据报告（2021）》显示，2021 年 1 月以来，红色旅游搜索热度较上年同期增长 176%。生活在大城市的人们走入乡村，感受农家风情，不仅陶冶了情操，也为乡村振兴事业贡献一份力量。以云南省楚雄州楚雄市东华镇为例，2021 年当地接待州内外游客 20 多万人，实现旅游收入 800 多万元，带动群众增收 400 多万元。

针对红色游和乡村游需求的增加，地方政府与企业形成合力，努力打造高质量的旅游产品。比如温州市深入挖掘红色资源价值，打造了"百年风华·红动浙南"山体光影展（瓯江夜游），将当地风景与红色文化融为一体，唤起人们对革命历史的回忆。携程上线了红色旅游频道，与红色旅游目的地合作，通过点亮中国红旅游地图、建设目的地红色旅游文化馆等方式，扩大红色旅游目的地影响力。抖音发起冬至日落直播活动，鼓励用户通过直播打卡乡村好分光，也吸引更多人群走进田野。

当绿色消费深入人心，当多元化出游再次激活旅游市场，人们正在一扫疫情带来的阴霾，创造着多样化、精细化的消费需求，为我国消费环境的高质量发展注入了澎湃的动力。

> **延伸阅读**
>
> ### 首选环境友好型产品，互联网女孩爱上绿色消费
>
> 叶敏是上海某互联网公司工作的白领，在她眼里，"再生""循环"等因素，是她购物的重要参考。
>
> 双十一期间，面对手机购物车里的两条价格、版型和物流速度都十分接近的牛仔裤，叶敏陷入了选择困难。在比对各项商品信息时，她注意到，其中一个品牌的牛仔裤专门对制作工艺进行了说明：专业封闭系统可回收98%的制造使用水，使用工厂机器回收的热气自然烘干，制作牛仔布产生的污泥运送到附近砖厂并用来制作砖块……还附上了工厂实景图片。
>
> "那当然是选择环境友好型产品啦。"叶敏说，"我身边有许多同事、朋友，也愿意用行动来为商家的这份努力点赞。我这件长袖采用了60%再生棉面料，这个环保袋是回收了4只塑料瓶制造的，可结实了！"叶敏边说边展示她的随身物品。
>
> 疫情期间，宅在家里的叶敏，一日三餐的食材几乎全靠手机里的买菜APP解决。"我买过一次活体豌豆苗，觉得很浪费。"她说，

因为被标上了"水培""有机"等标签，一小盘 300 克的豌豆苗身价大涨，售价接近 10 元。不仅如此，一顿吃完，盖子和托盘都没了用处，造成不小的物料浪费，而且这类垃圾回收起来也很麻烦，"托盘里的豌豆残渣属于湿垃圾，木质托盘属于可回收垃圾，塑料盖子则是干垃圾。"

为了节省物料，叶敏把商家附赠的托盘、盖子洗洗，开始重复使用。"网上的豆子才两元一包，那天我一下子买了六七袋，每个品种都尝尝！"叶敏说。

皱巴巴的豆子在水里泡一夜，等到它们每一颗都钻出了嫩芽，再平铺在带有滤网的托盘上，无需太精细的打理，托盘一天换一次水，嫩芽几天时间就可以蹿到七八厘米高。"用剪刀剪一茬下来，烧汤或是清炒，怎样做都很美味。"叶敏说。

如今，绿色、低碳的消费理念已经融入叶敏的生活。"除了尽量不买过度包装的东西，物品也要尽量循环使用。"

▶ 品类品质双升级　小镇生活与城市同频共振

周五晚上 8 点，湖南省湘西土家族苗族自治州的山间小城古丈县，白日里喧闹的街巷，逐渐归于寂静。在离县城中心两公里的三道河社区，居民张红梅带着女儿，结束了一晚上的采购，坐上了商业综合体开设的免费接驳车准备回家。

在她身后是古丈县第一个大型商业综合体，这里集合了超市、餐饮、儿童乐园、溜冰场、健身房、电影院等等，都还挺热闹。"以前晚上很少出门，现在一星期总得来这里逛几次。"张红梅说，"这里不仅东西全，还有各种满减活动，一次逛下来，还挺实惠的"。

对于像张红梅一样住在附近的居民来说，自打 2020 年 9 月古丈县有了这个商业综合体开业，消费生活突然变得丰富了起来。规范化、标准化的运营模式，给消费者带来了相对可靠的质量保证，也带来了更好的购物体验。

随着城乡协调发展有序推进，小镇居民的消费力持续攀升，为县域消费带来了广阔的发展空间。国家统计局数据显示，2021 年，农村居民人均消费支出 15916 元，名义增长 16.1%，扣除价格因素，实际增长 15.3%。农村居民人均消费支出增速恢复程度好于城镇居民，名义增速和实际增速分别快于城镇居民 3.9 和 4.2 个百分点。

在收入和消费需求大幅增加的前提下，小镇青年们呈现出多样化的消费趋势，一方面，商业综合体不断涌入县乡，电影院、剧本杀、亲子乐园等消费场所增加，小镇青年们开始热衷于线上下单买票，线下享受"沉浸式"服务。美团数据显示，2021年前5个月，三、四、五线城市亲子相关服务的订单量相比2019年同期分别增长203.1%、158.8%和250.4%，都超过全国平均水平。

另一方面，数字经济的持续渗透让小镇青年爆发出更大的网购热情，商务部发布的数据显示，2021年"双十一"期间，新增网购用户的约70%来自三四线城市、县城、乡镇。

99元的迷你儿童洗衣机，89元的美菱空气炸锅，18元的扫地机器人……家住山东菏泽单县的"95后"李高彩在"双十一"期间给自己买了一些能提升幸福感的小家电，"经常在视频里刷到人们用空气炸锅做各种美食，在门店里看过几款都很贵，我看在"双十一"期间，各大平台都有补贴，算下来也不贵，咱们也趁机提高一下生活质量。"李高彩说。

不只是空气炸锅和扫地机器人，懒人沙发、香薰、园艺铲这些新奇商品已经不再是大城市人们的专享。在主打县域消费者的淘特平台上，2021年"双十一"期间，园艺铲、花盆等用品对比上年增长2139%，香水、香薰等用品对比上年订单增长543%。快手数据也显示，2022年春节期间，空气炸锅搜索量同比增长388%，智能马桶销售额是同期的30倍。

在"吃"这个刚需品类中，小镇青年也在吃出品质感，小台芒、百香果、椰子等南方水果，三文鱼、大闸蟹等水产海鲜已经频繁出现在小镇青年的家中。美团数据显示，仅2021年9月，全国23个省、区、市超过900个县城的消费者，通过美团优选消费掉50万只大闸蟹。生蚝、明虾、鱿鱼须等水产品的县城消费量环比增长近20%，增速超过一线、新一线城市。

从用到吃，一系列数据都印证了小镇青年在提升品质生活过程中迸发出的购买力。小镇青年们渴望通过新奇的商品来提升生活品质，却对大品牌没有那么强的执念，而今互联网平台通过链接产业带，降低物流成本，为他们提供了品质不输大牌但物美价廉的产品，迎合了当地人消费升级的需求。与此同时，持续扩大的农产品消费需求也进一步提升了农村地区供应链水平，提高了供给能力。可以说，依托数字经济扩大县域消费也是全面推进乡村振兴战略的题中之义。

县乡，一头连着农村，一头连着城市，是城镇化均衡发展的战略支点。要充分挖掘县域消费潜力，需要不断适应消费升级和消费创新的要求，以新消费为引领提升消费活力。习近平总书记强调："构建新发展格局，把战略基点放在扩大内需上，农村有巨大空间，可以大有作为。"2021年6月，商务部、国家发展改革委、农业农村部等17部门印发《关于加强县域商业体系建设促进农村消费的意见》，为加强县域商业体系建设、推动农村消费提质扩容注入强劲动能。各地积极改善县域消费环境，努力促进农村消费，有效满足了居民日益增长的消费需求。比如西藏江孜县提速网络服务、改善物流环节，高原农牧民足不出户就能买到天南海北的商品，湖南古丈县建设大型商业综合体，丰富了居民的消费选择；广西兴安县完善旅游基础设施，坚持全域引客、全时迎客、全业留客……都为更好发展县域经济提供了有益借鉴。

本地居民在浙江嘉善县大云镇的巧克力甜蜜小镇体验 DIY 巧克力

各企业也在积极推进县域商业体系的建设。家居连锁企业居然之家表示，未来3—5年内，将在100个县域城市投资建设100座3万—5万平方米的商业综合体，量贩式超市大润发也计划落地1000家县域商业综合体。这些落地项目不仅有力促进农村消费，更有利于丰富特色农产品销售渠道、提升农业产业化和农村市场化水平、扩大农村群众就业，巩固拓展脱贫攻坚成果。

同时，以电商为首的数字企业也需要在激发县域消费活力中承担更多。比如美团优选正在推动下沉市场冷链物流建设，并在消费需求集中的区域建立订单配送网格站，分区运营落实订单的配送工作，稳定商品供应、保障商品质量、提升消费体验。

面对着日渐明晰且旺盛的小镇青年消费需求，零售与电商企业还推出了更有针对性的服务，比如淘特上线"潮品直营店"，联合工厂、明星以及潮流IP等，为追求潮流时尚的小镇青年们研发、直供性价比潮牌服饰穿搭。美团优选也先后与三只松鼠、百草味等零食品牌深度合作，将休闲零食以更快的速度送达到五线及以下城乡市场。

无论是线下商业综合体的休闲娱乐，还是线上电商的品质购物，在购买力和购买诉求上，小镇青年呈现出领跑者的姿态，他们在积极拥抱新业态、新消费过程中感受到数字经济带来的便利智慧生活，也为乡村振兴贡献着自己的力量。

> **延伸阅读**
>
> ### 爬屋顶也要找信号下单，热带水果登上荒芜大草原
>
> 距离省会呼和浩特160公里外，有一片叫做红格尔苏木的草原。其所在的四子王旗曾是内蒙古自治区31个国家级贫困旗县之一，快递和电商都很难触达这片土地。牧民想在网上买点东西，只能下单到四子王旗，再托人从四子王旗开车捎过来。来来回回要个

把几月的时间。

2021年,村民赵英楠申请成为美团优选自提点店长,自家的小卖铺也成为自提点。从那以后,新鲜果蔬和零食等以前买不到的东西源源不断运来,出现在赵英楠小卖铺,进店的牧民更多了。由于当地信号不好,很多牧民爬上屋顶,或骑摩托车找有信号的地方下单。第二天再骑摩托车来赵英楠的店里"提货"。

时间一长,赵英楠的小卖铺成为这片草原最热闹的地方。当地村民在这里提走广西小台芒、云南蓝莓、海南火龙果、山西的杏和河南黑布林,甚至还能买到正宗东北拉皮。

赵英楠记得,2021年5月份,美团优选搞了个"热带水果节",泰国榴莲打折,牧民贺西格大姐买了一颗3斤重的泰国大榴莲,差不多130块钱。那是赵英楠在草原上见到的第一颗泰国榴莲,外皮上的尖刺摸着格外扎手。

一对牧民夫妇来赵英楠的小卖铺"提货"

七夕期间，赵英楠还帮当地牧户苏木亚大哥向他的爱人送上了云南多头玫瑰、云南百合花和啤酒。在这之前，草原从来没有出现过花。

如今，在内蒙古31个原国家级贫困县，美团优选的运输车奔驰在当地乡道上。数万名像赵英楠这样的草原自提点店长，连接无数牧区的嘎查（村）、户，走通这条下乡的"窄路"，把大城市的好货、新鲜玩意和有趣的事，送到牧民手中"最后一公里"。

■ 专家观点

拓展数字经济发展新空间

王一鸣

（中国国际经济交流中心副理事长）

当前，新一轮科技革命和产业变革迅猛发展，争夺数字科技制高点的国际竞争日趋激烈，我国数字经济发展面临新形势和新挑战。拓展我国数字经济发展新空间，一条重要路径就是推进数字平台企业的模式创新和业态创新，这既可通过传统的商品交易平台向综合赋能平台转型，也可鼓励有条件的消费互联网平台企业逐步将重心转移到工业互联网平台来实现。实现这两方面转型，需要营造良好的发展环境，特别是加强对中小企业数字化转型支持，优化数字经济创新生态，加强高层次专业人才培养，创新监管理念和监管方式。

一、我国数字经济发展面临的新形势新挑战

进入本世纪以来，我国数字经济迅速兴起，在电商平台、移动支付、网络购物、跨境电商等领域持续创新，涌现出一批世界级企业，带动我国互联网产业和科技创新蓬勃发展。新冠疫情加速数字经济新业态新模式的异军突起，视频直播、在线学习、远程会议等竞相发展，显现出强大的发展韧性。2020年我国数字经济核心产业增加值占国内生产总值的比重已达到7.8%，成为推动经济发展的新引擎。与此同时，我国数字经济规模虽位列全球第

二，但增长势头已开始减弱，推进数字经济持续快速发展面临新形势和新挑战。

（一）人工智能正在成为数字经济的新引擎

物联网、云计算、大数据等新技术，构建"人—网—物"的互联体系和泛在智能信息网络，推动人工智能向自主学习、人机协同增强智能和基于网络的群体智能等方向发展。人工智能技术与物联网和大数据技术的融合，为"云计算+AI"应用创造了条件，而5G的规模化应用使人工智能的发展动能更加强劲，推动人工智能技术向各个领域广泛渗透，应用场景日趋多样化，如深度学习、远程控制、精准医学、智慧物流等，这必将催生更多新模式新业态，也对我国数字平台企业深化人工智能应用和发展模式创新提出更加紧迫的要求。

（二）数字化转型由消费领域向制造领域扩展

过去一个时期，消费领域的数字平台企业发展更为活跃，电商平台促进供需时空匹配，降低交易成本，释放巨大的消费潜能。随着新一代信息网络技术向制造领域的渗透扩散，先进的传感技术、数字化设计制造、机器人与智能控制系统日趋广泛应用，制造业研发设计、生产流程、企业管理，乃至用户关系都出现了智能化趋势，生产组织和社会分工向网络化、扁平化、平台化转型，基于工业互联网的产业生态加快构建。我国消费互联网发展处在国际前沿地带，但产业互联网领域明显落后于发达国家。数字化转型向制造领域扩展，既为我国数字平台企业进入工业互联网领域创造了更大空间，也对技术创新能力、数字基础设施和人才队伍建设提出更高要求。

（三）争夺数字科技制高点的竞争空前激烈

美国视中国为最大的战略竞争对手，不惜成本和代价对我国数字科技企业进行围堵和打压。拜登政府推出"小院高墙"战略，实施更严密更大力度的对华技术封锁措施，以确保美国在数字科技领域"超前两代"的竞争优势。从美国参议院领袖舒默提交的《2021美国创新和竞争法案》可以看出，人工智能、机器学习、先进软件开发、高性能计算、半导体和先进计算机硬件，量子计算和信息系统，机器自动化与先进制造等数字科技，是美国保持对我国竞争优势的重点领域。我国数字科技发展仍面临原始创新能力不强，高端芯片、工业软件等关键核心技术受制于人，高端人才供给不足等短板，迫切需要补齐短板弱项，增强科技自立自强能力。

（四）中国数字经济发展面临日趋严峻竞争压力

按照胡润全球独角兽榜单数据，中国近几年独角兽数量呈持续下滑态势。从存量看，2019年中国独角兽公司占全球42%，一度位列全球第一，2020年则下降至39%，2021年进一步下降至28%，仅为美国的60%。从增量看，中国新增独角兽公司同比增速从2020年的23%下降至2021年的16%，而美国2021年新增独角兽数量同比增速为54%，几乎为2020年的2倍。

面向未来，我国数字经济将转向高质量发展新阶段，必须把握新一轮科技革命和产业变革的战略机遇，以科技创新抢占数字科技发展的制高点，推动数字技术创新、模式创新、业态创新和产业变革，形成更多新的增长点和增长极，培育参与国际合作和竞争的新优势，为数字经济高质量开辟新空间。

二、我国数字经济拓展发展新空间的方向

过去一个时期，我国数字平台发展在消费领域更为活跃。消费互联网应用数字技术解决了信息不对称问题，实现供需两端信息快捷搜索和撮合，降低搜索成本；并使追踪消费者行为更加容易，降低追踪成本；还可更容易地验证个人、公司或组织的信誉和可信度，进一步降低验证成本。总之，数字

平台更好满足了客户需求，大幅提升了服务能力和服务效率，使巨大的消费潜能释放出来。可以说，我国数字平台发展的基本路径是由前端消费互联网带动后端产业互联网发展。今后一个时期，我国数字平台拓展发展空间，可以有两个基本方向。

（一）传统的商品交易平台向综合赋能平台转型

随着传统的电商业务边际收益不断递减，推动传统的电商平台从信息撮合和交易功能，向提供采购、物流、配送、支付、融资等全链条服务的生态型平台转变，在单点业务创新的同时，推动数字技术向供应链全链条扩散覆盖，通过全链条赋能实现价值创造，孕育新的商业模式和业态。

首先，推动单点业务创新。比如，伴随北斗导航、无人机配送、5G云端服务、智能机器人等技术发展，零售环节包括生鲜食品等将实现即时点对点的供给，拓展电商直供、无人零售等新业态发展空间。又如，对物料供给的整合力度加大，无缝对接趋势加快，供应链智能化水平提升，将大幅改善供应体系的协同效率。

其次，提升企业管理效能。数字平台从客户引流、在线订单、售后服务等前端环节，向供应链管理、人员管理、运营决策等后端环节渗透，通过打通前后端数据增强联动效应，推动企业管理效能提升。

再者，形成全链条数字服务生态。数字平台沿着供应链向相关行业延伸，向物料采购、物流、加工、零售、配送和融资服务等全链条扩散覆盖，实现资源配置效率提升。以餐饮行业为例，智慧餐厅建设推动智慧农业实现农产品溯源（原材料）、智慧物流提升资源配置效率（采购）、金融科技提升中小企业获取资金（融资）的便捷性等，通过将原材料供应商、中间服务提供商与最终销售网络连接起来，为客户提供更多定制化服务，进一步提升客户满意度，使数字平台向综合赋能平台转型，进一步提升数字平台的竞争力。

（二）消费互联网平台企业将重心转移到工业互联网

当前，物联网、大数据、人工智能等数字化、智能化技术，加快向产业领域渗透，推动数字技术与制造业深度融合，形成人机共融的智能制造模式，基于工业互联网的产业生态加快构建。随着数字技术应用成本降低、第三方服务主体增加以及更多成功案例的出现，工业企业主动推进数字化的意愿不断增强。而消费互联网企业经过上半场发展，已经积累了资金、技术和人才，部分消费互联网企业将重心转移到工业领域，不仅有利于消费互联网拓展发展空间，也将推动数字技术与实体经济的融合。

首先，消费互联网企业帮助供应链上中小企业数字化转型。消费互联网的供应链企业多为中小企业，这些企业的数字化转型面临诸多瓶颈，主要表现为：前期投入高，不愿转；难以估算预期收益，不敢转；数据安全得不到保障，不想转；企业缺乏专业人才，不会转。消费互联网企业可开发推广一批适合中小企业需求的数字化产品和服务，在通用设计中兼顾专业需求，打造可用性强的数字化转型解决方案，推动中小企业积极融入数字化应用场景和产业生态。通过打造供应链数字化平台和降低参与门槛，吸引中小企业积极参与新业态新模式，参与多品种、多批次、小批量的专业市场，提升供应链上下游协同效率，带动中小企业数字化转型。

其次，逐步参与工业互联网平台建设。相对于消费互联网，工业互联网对数据采集的精度、传输速度、存储空间、计算能力和智能化加工应用的要求大幅提升。工业领域企业体量大、门类多、技术复杂，消费互联网企业可从面向特定技术和场景的专业性平台入手，再逐步聚焦重点行业，待具备条件时再进入跨行业的工业互联网平台。

再者，打通消费互联网和工业互联网。从更长远而言，数字平台打通消费、物流和生产各环节是大势所趋。目前的数字平台企业有超大型的消费互联网平台和运营商，有聚焦特定领域的专业平台，有解决行业共性问题的联盟平台，也有制造企业数字化转型后形成的工业互联网平台。打通消费互联网与工业互联网，既可以通过消费互联网平台向上游制造领域逆向渗透扩展，也可由工业互联网平台向下游正向延伸扩张，但从资金、技术、人才等方面看，前者更具优势和条件。

三、营造有利于数字平台企业拓展发展空间的环境

面对日趋激烈的国际竞争和我国数字平台企业日趋严峻的竞争压力，推动数字经济拓展发展新空间，需要营造良好发展环境。

（一）加强对中小企业数字化转型支持

培育一批中小企业数字化转型的专业服务商，为中小企业数字化转型提供成本低、实用性强的数字化解决方案。从中小企业数字化转型最迫切的环节入手，加快推进线上营销、远程协作、智能生产等应用，由点及面向全业务全流程数字化转型延伸拓展。打造一批数字化转型成熟解决方案和示范案例，增强中小企业数字化转型意愿。

（二）优化数字经济创新生态

推动行业企业、平台企业、数字服务企业跨界创新，打造多元化参与的创新生态体系。鼓励开源科技创新，支持具有自主核心技术的开源平台、开源项目建设。强化竞争政策基础地位，减少选择性政策的"挤出"效应，避免简单以企业规模、盈利状态、专利数量等来设置政策门槛，提高政策的公平性，使创新生态能够不断孕育和培育一批又一批创新型企业，为数字经济发展提供强大动力。

（三）加强各类专业人才培养

数字经济关键在于人才，尤其是掌握网络、数据、制造、管理等方面知识的复合型人才。要依托高水平研究型大学，加大数字科技高层次专业人才培养，同时鼓励数字化平台引进一批高端信息技术人才。通过高等院校调整

专业，加强职业技术培训，加强数字经济专业技术人员和产业工人培养，为数字经济发展提供高质量的人力资源。

(四) 完善监管理念和监管方式

坚持包容审慎的监管理念，加快完善相关法律法规。完善数字经济公平竞争制度，以维护市场竞争有效性、最大化鼓励创新和保护消费者权益为取向，营造公平竞争的市场环境。引入"沙盒监管"模式，为数字供应链平台创新提供空间。明确平台企业主体责任和义务，建设行业自律机制。完善数字安全监管体系，保障数据资产权益和数据安全。

■ **专家观点**

扩大中等收入群体应做到"稳中容变"

朱 迪

（中国社会科学院社会学研究所研究员）

从推进共同富裕和扩大消费的角度，中等收入群体的重要作用不断得到强调，扩大中等收入群体成为我国近年来的重要发展目标。农民工和大学毕业生是扩大中等收入群体的重点人群。习近平总书记发文指出，进城农民工是中等收入群体的重要来源，要深化户籍制度改革，解决好农业转移人口随迁子女教育等问题，让他们安心进城，稳定就业。

伴随数字经济发展，很大一部分进城农民工流向新经济新业态，尤其是劳动密集型的生活服务新业态，借助互联网平台，以非标准就业、打零工、自我雇佣等多种形式灵活就业，典型的包括网约配送员、网约车司机等。

在"扩中"相关政策中，这些新业态新就业群体不应被忽视。他们主要从事城市新兴服务业，大都来自农村或者小城镇，文化程度不高、但是收入较为可观。2019年至今，人力资源和社会保障部、国家市场监管总局、国家统计局联合向社会发布了四批共计54个新职业——包括网约配送员，被纳入我国职业版图。据估算，2020年我国各类生产生活新业态服务提供者约有8400万人，比2019年增长约7.7%。

《中华人民共和国国民经济和社会发展第十四个五年规划和2035年远景目标纲要》提出，到2035年，人均国内生产总值达到中等发达国家水平，中等收入群体显著扩大。2021年《政府工作报告》明确要求，"着力提高低收入群体收入，扩大中等收入群体，居民人均可支配收入增长与国内生产总值增长基本同步"。

新业态新就业在"提收入"方面发挥了显著作用。以网约配送员为代表的新职业有助于促进农民工和大学生群体就业、改善贫困人口就业质量、提高低收入群体收入。我们对全国18—45岁以网约配送员为主要职业的群体进行问卷调查，结果显示，月收入在2000—3999元的占25.4%，4000—5999元的占44.3%，6000—7999元的占19.2%，可见超六成月收入在4000至8000元。我们采用了国内外较为公认的一些指标，再分别划定严格标准和宽松标准，测算其中大约60%—80%属于中等收入群体。调查样本中，超过90%主要在一个平台工作，可以大致认为60%—80%的"专送骑手"属于中等收入群体，总体收入水平要高于一般的农民工。

扩大中等收入群体不光要"提收入"，还要"稳收入"，让新就业人群更加稳定地待在中等收入群体。我们要看到，网约配送员的这种高收入很大程度上是不稳定的。一是高收入基于高强度、长时间的工作，随着年龄增长体力下降，高收入难以持续；二是收入构成以计件工资为主，面对突发状况或者生病，从业者容易陷入经济困境，这种薪资结构降低了从业者抗风险能力。应采取多种措施，创新完善劳动权益保障，完善公共服务，加强对新业态新就业群体的关心支持工作。

必须要强调的是，在当前新经济新业态背景下，"稳收入""稳就业"不能简单理解为稳定在同一份工作。新就业的独特优势在于灵活性，工作时间灵活、准入门槛较低、就业场所分布广泛，适合不同情况的人群实现初次就业或者就近就业，既帮助解决就业难问题，也能丰富职业体验帮助解决择业难问题。我们调查显示，网约配送员就业动机排在前三位的是：入行要求比较简单（28.2%）、能兼顾家务照顾家人（24.0%）、一时间找不到更好的工作（24.0%）。并且新就业可能不仅是一种阶段性特征，未来社会中灵活就业、斜杠青年、身兼数职可能成为常态，人们更注重工作与兴趣、家庭、生活相协调。认清这一发展趋势，应积极探索符合新经济新职业发展需求的

"稳收入"对策措施。

扩大中等收入群体应做到"稳中容变"，稳收入的同时也要适应灵活性和流动性。当前新经济新就业形势下，稳定在同一份工作不太可能，即使企业希望如此，从业者也难以做到；此外，稳定在同一种劳动强度的高收入也不现实。中等收入群体应当是安稳小康又富有灵活性的，无论这个月做骑手下个月做房产中介，还是这个月在北上广下个月回老家，又或者暂时不工作，都能够基本维持中等收入生活水平，才是我们所要追求的"扩中"。

要做到"稳中容变"，应做到以下几点。

首先，鼓励支持新经济新业态发展。进一步鼓励支持业态创新、技术创新，丰富和稳定就业岗位，提高劳动者收入和就业质量，强调企业履行社会责任，推动企业和市场健康有序发展。同时应从制度和社会等不同层面，提高对新就业的认可和认定，提升新职业群体的社会支持和社会融入。

其次，增强职业技能和劳动者素质。尽快完善出台新职业相关的国家职业技能标准，将职业技能与收入、与晋升挂钩，明确新就业群体的职业发展路径。企业应积极推进灵活用工人员职业培训，将职业培训设置在员工职业能力提升和晋升机制的框架内，培训包括职业素质、服务意识、法律知识等多方面内容，推动带薪培训制度。努力促进新就业群体的就业能力和职业发展，提升劳动附加值，帮助实现高质量就业流动。

第三，完善新就业群体的社会保障。调查发现，新职业群体的社会保障有待完善。进一步落实"十四五"规划提出的健全多层次社会保障体系、建立健全灵活就业人员社保制度的要求，建立符合现实情况、适合灵活就业群体的参保缴保制度，核心应当是强制与激励和便利相结合，增强制度灵活性。有了创新完善的社会保障制度"托底"，新就业群体才是真正的灵活就业，区别于西方社会中的不稳定劳动者，成为我国中等收入群体的稳定组成部分。

第四，发挥新就业群体的资源优势。相对于普通农民工群体，从事新业态新就业的群体大都较年轻、受教育程度较高，选择多劳多得，说明也比较能吃苦，应积极发挥这部分群体的能动性，推动其在城市发展和乡村振兴中贡献力量，为他们的发展提供更大的舞台，增加就业空间。调查显示，大部分外卖骑手有未来返乡工作的打算，应转变地方政府工作思路，有效利用这群新职业青年的人力资源，推动乡村振兴。同时完善城市户籍制度改革，提升教育、住房、社保等公共服务，鼓励这些"新市民"参与到新型城镇化建设中来。无论是"留下来"还是"返回去"，发挥新就业群体的资源优势，参与城乡发展建设的同时稳定就业和收入。

■ 研究报告

2021年生活服务消费运行情况分析

刘祥东　李昭蔚

（美团研究院）

（数据支持：美团城市大数据创新实验室　付运伟　薛飞跃　宋良）

一、疫情影响生活服务消费仍在持续

2021年以来，面对新冠肺炎疫情等多重因素的影响，我国居民消费增速下滑。国家统计局公布的数据显示，2021年1—10月，我国社会消费品零售总额为358511亿元，两年平均增长3.5%，远低于经济总量的增速（三季度GDP的两年平均增速为4.9%）。国家统计局的数据显示，2021年1—10月餐饮收入两年平均增长0.4%，远低于历史均值；文旅部的数据显示，2021年1—9月国内旅游消费为2.37万亿元，仅恢复到2019年同期的54.4%。

从线上服务消费情况看，疫情也造成明显的影响，美团研究院的调研数据显示，每当本土新增新冠肺炎病例数量大幅增加时，线上生活服务①消费的两年平均增速②都会出现显著的下滑（见图1）。美团研究院调研固定数量

---

① 这里统计的生活服务业包括但不限于餐饮、旅游、住宿、休闲娱乐、运动健身、学习培训、亲子、美容美发、家居家装等行业。
② 这里采用美团平台每日活跃的TOP200万商户的在线销售额来测算线上生活服务消费的增速，2021年每日的线上生活服务消费的两年平均增长率计算公式为 $(\sqrt{\frac{2021年近7日日均消费额}{2019年同期近7日日均消费额}}-1)*100\%$，各个行业线上消费的两年平均增长率采用相同的计算原理。

图 1　国内本土每日新增新冠病例数量及线上生活服务消费的两年平均增长率走势

数据来源：Wind 和美团研究院调研数据。

商户的数据显示，2021 年 1—10 月线上生活服务消费同比增长 49.9%，两年平均增长 17.2%。分季度来看，一季度、二季度、三季度，线上生活服务消费的两年平均增长率分别为 15.7%、19.8%、15.3%，增长有所回落。

疫情影响人流往来，使得异地服务消费下降更为严重。美团研究院的调研数据显示，2021 年 1—10 月，全国生活服务异地消费的占比为 17.1%，比 2020 年同期提升 2.0 个百分点，但比 2019 年同期下降 5.9 个百分点。在一些疫情突发的月份，如 2021 年 2 月、8 月、10 月异地消费占比明显走弱。

从细分行业看，旅游业和住宿业的异地消费占比较高，2021 年 1—10 月的异地消费占比均为 51.5%；而餐饮业和休闲娱乐业的异地消费占比较低，2021 年 1—10 月的异地消费占比分别为 12.2% 和 16.1%（见图 2）。疫情对旅游业异地消费的影响最大，从 2021 年 8 月 8 日至 31 日多地疫情散发期间，旅游异地消费占比的均值为 28.3%，比全年的均值下降了 23.2 个百分点；此外，在此期间，住宿业、休闲娱乐业和餐饮业异地消费占比也分别比全年均值下降了 5.9、2.1 和 1.1 个百分点。

疫情影响下，非刚需的夜间生活服务消费的占比也明显下滑。美团研究院调查数据显示，2021 年 1—10 月，全国的线上生活服务夜间消费占比为

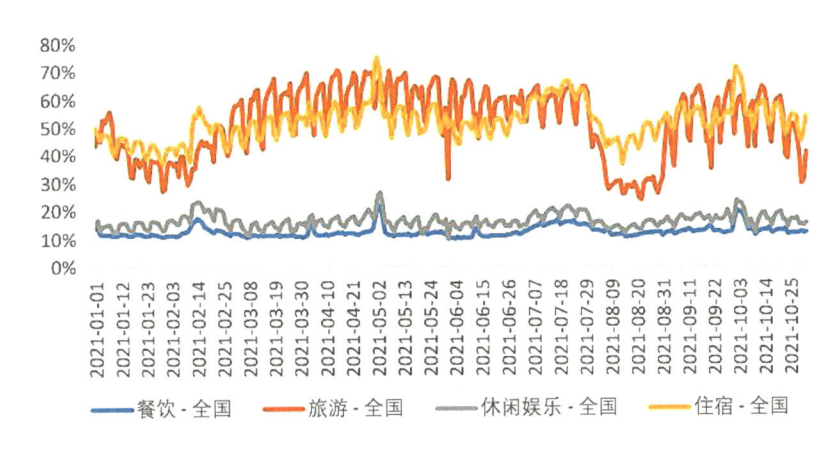

图 2　全国生活服务细分行业异地消费占比走势

数据来源：美团研究院调查数据。

49.2%，比 2019 年同期下降 1.7 个百分点。从月度情况来看，本地新增病例数量较多的 1 月和 8 月，线上生活服务消费的夜间占比相比于 2019 年同期下降较为明显，分别下降 2.2 和 3 个百分点（见图 3）。从各个行业夜间消费情况来看，2021 年 1—10 月到店餐饮业、到家餐饮业、旅游业、休闲娱乐业的夜间消费占比分别为 59.0%、38.2%、20.1%、47.1%（见图 4）。相比

图 3　2021 年夜间消费占比与本土新增新冠病例趋势

数据来源：美团研究院调查数据。

[图表：2021年1—10月生活服务细分行业夜间消费占比]

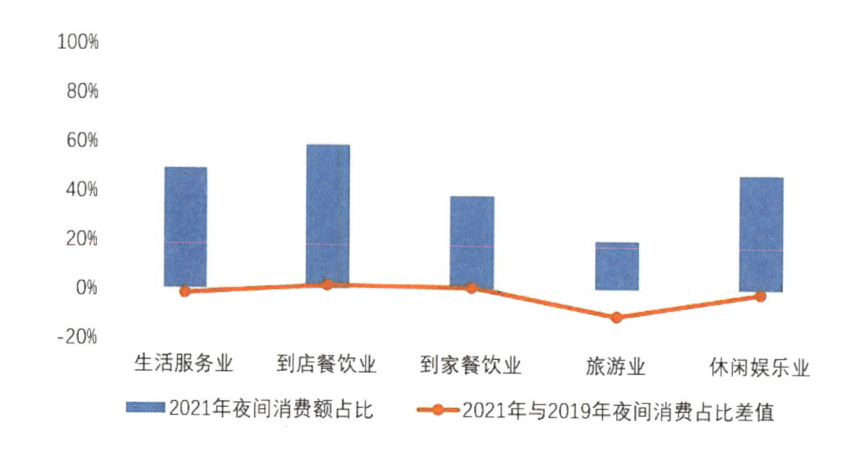

图4　2021年1—10月生活服务细分行业夜间消费占比

数据来源：美团研究院调查数据。

于2019年同期，到家餐饮业和到店餐饮业的夜间消费占比分别提升了1.7和0.7个百分点，而旅游业和休闲娱乐业的夜间消费占比分别下降了10.8和1.6个百分点。

但必须指出的是，在数字技术的助力下，服务消费的信息匹配效率大幅提升，居民服务消费半径有效扩大，因此，线上生活服务消费在疫情之下展现出较强的韧性，由于生活服务消费本身具有线上线下一体化特征，在线交易增长势必带动线下的生活服务消费，成为稳定居民生活服务消费的有力工具。

二、我国线上生活服务消费的新发展趋势

（一）基于即时配送的"万物到家"消费快速增长

疫情之下，"无接触配送"的相关标准和服务应运而生。在此背景下，通过即时配送实现的"即时零售"购物方式成为一种新型消费潮流，一方面更好地满足了广大居民的消费需求，居民可以足不出户在短时间内获取急需商品，另一方面也实现仓店融合，促进传统零售，借用在线销售方式提高经

营效率，实现数字化转型。美团研究院调研部分区域商户数据显示，2021年1—10月，到家餐饮、植物花卉消费、药品消费的两年平均增长率分别为29.3%、113.9%、210.6%。

（二）核心城市群服务消费成为国内消费的中流砥柱

城市群是在地域上集中分布的若干特大城市和大城市集聚而成的庞大的、多核心、多层次城市集团，也是推动国家重大区域战略融合发展的重要基地。截至2019年2月18日，国务院共先后批复了10个国家级城市群，具体包括：长江中游城市群、哈长城市群、成渝城市群、长江三角洲城市群、中原城市群、北部湾城市群、关中平原城市群、呼包鄂榆城市群、兰西城市群、粤港澳大湾区。此外，京津冀城市群是涵盖首都北京，并跨省域的重量级城市群。值得注意的是，这11个城市群的消费在全国总消费中的占比达到70%左右，在内循环中发挥了举足轻重的作用。具体来看，2021年1—10月，11个城市群在全国外卖餐饮、到店餐饮、住宿业、休闲娱乐业和旅游业消费中的占比分别为72.8%、75.3%、67.4%、76.8%和69.1%（见图5），其中，休闲娱乐业、到店餐饮和外卖餐饮消费的全国占比分别比2020年同

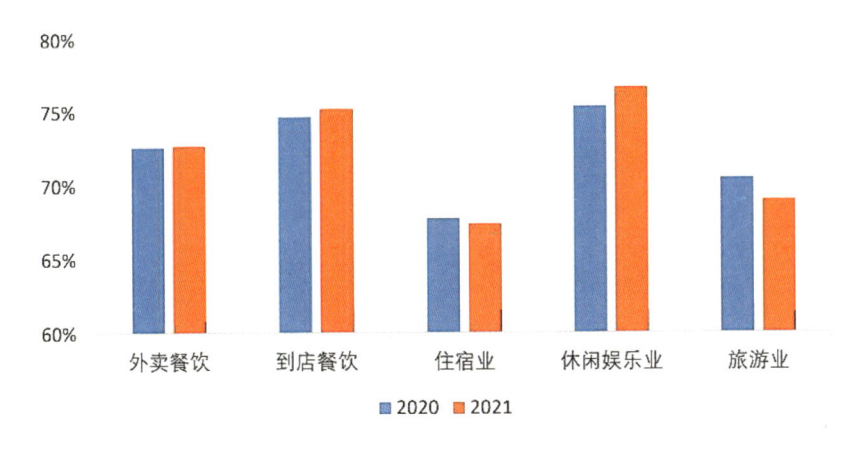

图5　11个核心城市群线上生活服务消费在全国的占比

数据来源：美团研究院调查数据。

期提升1.3、0.6和0.1个百分点，住宿业和旅游业消费的全国占比分别比2020年同期下降1.5和0.4个百分点。休闲娱乐业和餐饮业消费在全国占比的提升，反映出核心城市群具备稳健的消费潜力。

各个城市群的消费增速差异明显。其中，2021年1—10月，粤港澳大湾区、北部湾城市群、长江中游城市群、成渝城市群、长江三角洲城市群、中原城市群的外卖餐饮消费的两年平均增长率排名靠前，分别为26.8%、23.1%、22.5%、21.3%、18.3%、18.3%。

（三）低线城市线上用户数量快速增长，高线城市服务消费增速更快

疫情之下，更多居民选择加入线上消费的大军。2021年以来，各个线级城市的线上消费用户数量大幅增加。美团研究院调研部分城市的线上用户数据显示，2021年1—10月，一线、新一线、二线、三线、四线、五线城市线上消费用户数量分别同比增长45.4%、43.8%、48.8%、64.1%、65.7%、66.1%（见图6）。其中，相比于高线城市，低线城市线上消费用户数量的同比增速更快，低线城市居民的健康消费意识和消费方式也在悄然

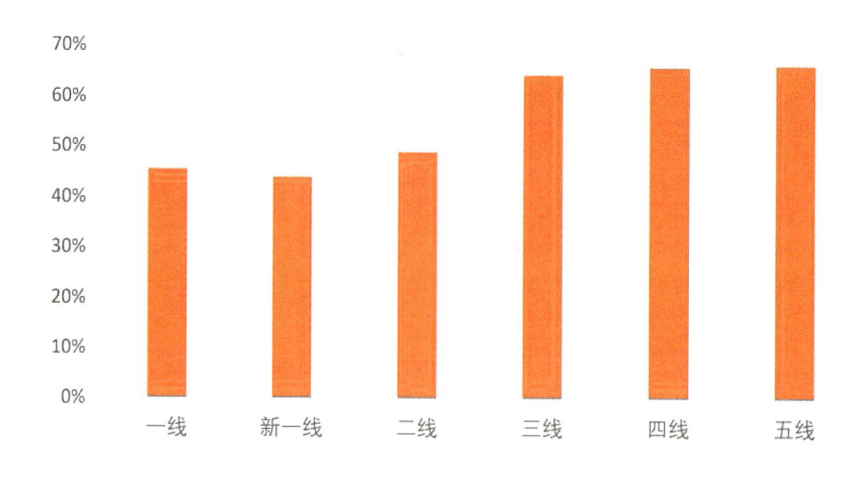

图6 2021年1—10月各线级城市用户同比增长率

数据来源：美团研究院调查数据。

发生改变。

而一线城市的消费规模增长则仍然更为强劲。美团研究院调研部分城市的线上用户数据显示，2021年1—10月一线城市的到家餐饮、外卖餐饮、住宿业、休闲娱乐业、旅游业消费分别同比增长50.2%、53.0%、68.3%、70.8%、53.9%，新一线城市的到店餐饮、外卖餐饮、住宿业、休闲娱乐业、旅游业消费分别同比增长43.7%、51.0%、71.0%、53.8%、50.8%（见图7）。

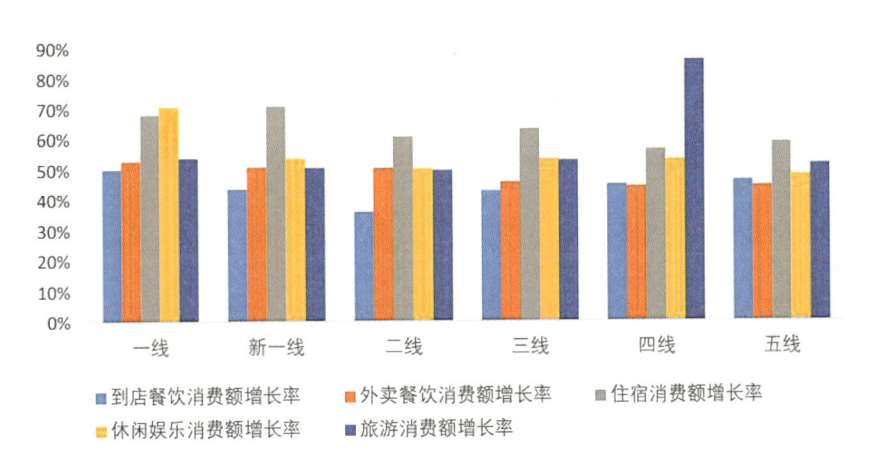

图7 2021年1—10月各线级城市各个品类消费同比增长率

数据来源：美团研究院调查数据。

（四）生活服务的节假日消费带动效应更加显著

2021年的清明节、劳动节、中秋节、国庆节的消费均对居民的生活服务消费产生了显著的带动效果，节假日消费的两年平均增长率分别为19.9%、20.5%、20.6%、18.3%，比节前和节后一周消费的两年平均增速分别高1.1、1.4、1.6、3.7个百分点（见图8）。

节假日消费的带动效应对异地生活服务消费也有显著的促进作用，如2021年的情人节、清明节、"五一黄金周"、"十一黄金周"等节假日期间，全国线上生活服务异地消费的占比均出现大幅提升（见图9）。

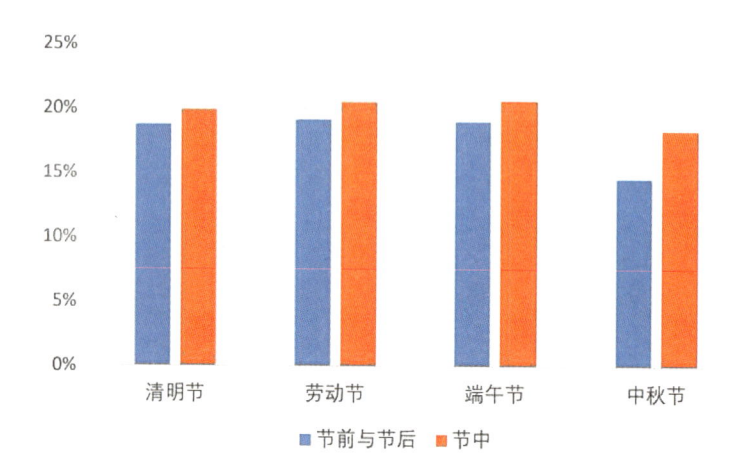

图8　2021年节假日节前与节后线上生活服务消费的两年平均增长率

数据来源：美团研究院调查数据。

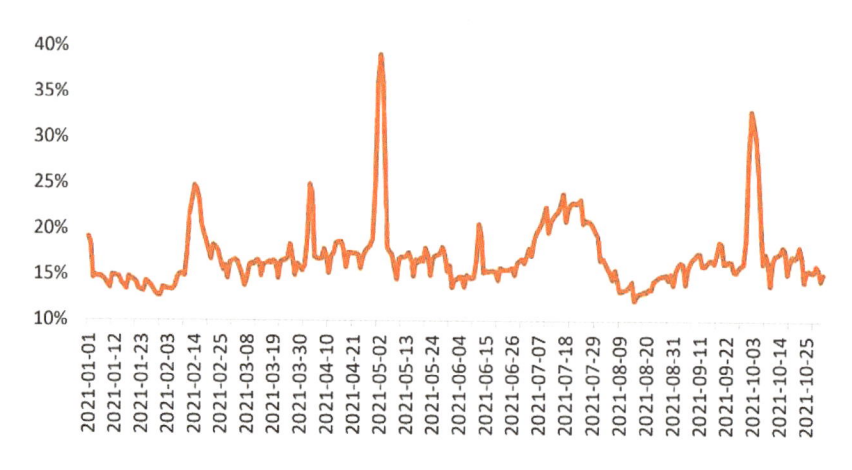

图9　全国线上生活服务异地消费占比趋势

数据来源：美团研究院调查数据。

三、促进服务消费的政策建议

在疫情联防联控下，为了更好地助力生活服务消费增速的稳步回升，建议重视下述方面的工作：

(一)增加本地服务供给,提升服务品质,完善本地服务链条

今年下半年疫情在全国多地散发,居民的异地消费受限,这对本地服务供给提出了更高的要求。建议一是各地结合当地特色,打造"国风""民族风"等特色服务供给,出台相关政策吸引并支持外地品质化服务供给在当地落户和发展,增加本地服务的品质化、个性化供给,形成品类丰富、品质可靠、富有特色的新型服务供给体系。二是继续加强服务业标准体系建设,扩大服务标准覆盖范围,加快推进生活性服务业以及社会管理和公共服务领域重点标准的制修订工作,解决重要急需标准缺失的矛盾;鼓励通过标准化生产来保障服务质量,提升服务效率,克服服务业鲍莫尔成本病;注重媒体宣传和舆论导向的效果,通过主流媒体倡导居民践行绿色、健康、安全的品质消费。三是以本地多类景区为焦点,完善配套的"吃住行游购娱"服务链条,形成服务消费的生态闭环;明确"一刻钟便民生活圈"的公益属性,通过财政补贴等方式鼓励社会力量参与相关建设,逐步完善各地的"一刻钟便民生活圈"。

(二)大力推动服务业数字化建设,鼓励线上带动线下消费

疫情之下,线上生活服务消费展现出较好的韧性。建议一是从资金、技术、人才等方面全方位加大对生活服务业数字化转型升级的政策支持力度,鼓励生活服务的线上线下深度融合发展,通过线上带动线下消费。二是联合生活服务电商平台,通过发放消费券等方式带动"下沉市场"的线上消费,提升数字技术在供需两端的渗透率,扩大居民服务消费半径,降低交易成本,推动普惠性数字技术在服务消费中的健康有序发展。三是加快建设服务业数字化智能服务终端,有序开放社区、学校、医院、养老机构、景区等公共区域的空间资源,合理规划,创新金融方式,鼓励多类市场主体参与智能取餐柜、智能外卖柜等服务终端建设,助力无接触配送在全国的推广和落地。

（三）支持新业态新模式发展，带动更多居民就业，保障居民服务消费时间

新业态新模式领域的消费在疫情期间保持了快速增长态势，成为带动我国生活服务消费的重要引擎。与此同时，居民的服务消费需要有消费时间的保证，节假日的消费带动效应非常显著。为此，建议一是继续秉持包容审慎的监管方式，鼓励生活服务新业态新模式的蓬勃发展，通过新业态新模式创造新型工作岗位，带动更多居民就业。二是设定法定休假制度落实率目标，积极敦促企业落实带薪年休假和法定节假日休假制度；配合最新生育政策，适当增加新生儿父母双方的带薪产育假期。

（四）加大政策支持力度，促进低线城市服务消费均衡发展

针对低线城市线上用户数量增长较快，而高线城市线上消费稳定增长，以及城市群中各城市间消费占比存在巨大差异的现象。建议一是加强城市群中低线城市的基础通信设施建设，助力生活服务企业和商户的数字化转型；联合生活服务电商平台鼓励更多用户参与线上生活服务消费，以便更好地在疫情联防联控下满足各地居民的消费需求。二是加快完善城市间、城乡间的现代流通体系，保障商品在不同区域间的低损耗、高效率流通，为品质服务提供基础性物资需求。三是发挥高线城市在生活服务业发展中的带动和示范作用，通过税收优惠、金融支持等方式促进低线城市的服务业发展，逐渐化解城市间服务消费的不均衡。

年度热词

绿色消费：又称"可持续消费"，是从满足生态需要出发，以有益健康和保护生态环境为基本内涵，符合人的健康和环境保护标准的各种消费行为和消费方式的统称。绿色消费的内容涵盖生产行为、消费行为的方方面面，是一种以适度节制消费，避免或减少对环境的破坏，崇尚自然和保护生态等为特征的新型消费行为和过程。

国潮消费：狭义上的国潮指带有中国特定元素的潮品，如衣服、鞋子、奢侈品等。广义上国潮是以中华文化为底蕴，结合当下新人群、新需求、新技术、新场景后产生的新事物、新的展现方式。国潮消费者更注重文化的内涵和科技的内核，是国人对于经济、文化与科技实力的全面自信。

适老化改造：适老化改造由工信部在 2020 年底提出，旨在解决老年人群体在使用互联网等智能技术时遇到的困难，推动充分兼顾老年人需求的信息化社会建设。主要包括推出更多具有大字体、大图标、高对比度文字等功能特点的产品。鼓励更多企业推出界面简单、操作方便的界面模式，实现一键操作、文本输入提示等多种无障碍功能。提升方言识别能力，方便不会普通话的老人使用智能设备。

反食品浪费：食品浪费指对安全食用或者饮用的食品未能按照其功能目的利用，本质是对整个社会资源造成一种极大浪费的行为。为了防止食品浪费，保障国家粮食安全，弘扬中华民族传统美德，践行社会主义核心价值观，节约资源，保护环境，促进经济社会可持续发展，中国于 2021 年 4 月 29 日正式发布《中华人民共和国反食品浪费法》。以餐饮环节为切入点，聚焦食品消费、销售环节反浪费、促节约、严管控，对减少粮食、食品生产加工、储存运输等环节浪费作出了原则性规定。

平替品："平价替代品"的简称，指一些价格便宜亲民，但效果和大牌产品一样或相差无几的产品。

微度假：相较于疫情前较长时间的旅游度假模式，微度假指以本地为中心，基于兴趣爱好或某种体验，在周末或假日进行短期休闲度假。微度假的主体一般是小团体，多以情侣、家庭为单元。他们更追求食宿及配套服务的舒适度、品质感、私密感、精神获得感、家庭全员参与的幸福感。

产业篇

科技创新激活产业新模式、新业态

2021年,在两个百年奋斗目标历史交汇之际,中国经济正在用高质量发展为"十四五"谱写良好的开篇。国家统计局数据显示,我国全年GDP超110万亿元,同比增长8.1%。继续领跑全球。同时,一二三产持续协同发展让产业链韧性得到进一步提升,优化了我国市场供需水平。这些成绩的取得,是全党全国人民艰苦奋斗的结果,也是我国产业不断创新的直观映射。

新一轮科技革命和产业变革突飞猛进已经成为推动经济社会发展的新动能。充分发挥科技创新驱动作用,加快推动产业链与创新链深度融合,是准确把握新发展阶段、深入贯彻新发展理念、加快构建新发展格局的内在要求,实现经济高质量发展的关键所在。随着各产业恢复发展态势持续,我国创新发展势头不减,5G、AI、云计算等数字技术正向更深层次、更广领域渗透融合,新业态新模式快速成长,产业数字化赋能传统产业与实体经济的重要作用进一步强化,让创新大国的轮廓清晰可见。

在这场千行百业的科技创新浪潮中,我们看到"中国制造"正在迈入"中国智造":具有自主知识产权的机器人从设计图纸中走向工厂、走进餐厅;搭载着5G技术的智能设备出现在矿山与寻常百姓家。我们也见证了餐饮、旅游、物流等服务业迎来蝶变:连锁餐饮在规模化发展中权衡"美味"与"效率"，景区在智慧化的改造中重拾游客的信心，物流在自动配送方面作出有益探索。我们还在柳州螺蛳粉、鹤岗小串"小城大味"的故事中，挖掘出特色产业赋能地方经济的深层含义。这些可喜的变化为 2022 年经济稳中求进奠定了扎实的根基，也让新发展格局一步步从蓝图变为现实。

信息技术应用层出不穷
科技创新驱动"中国智造"

加料、翻炒、调味，五分钟后，一道香气扑鼻的宫保鸡丁新鲜出炉。但娴熟炒菜的不是大厨，是一个个智能炒锅。送餐环节，顾客们也不见服务员，只有自动升降设备将餐盘送上云轨，再由云轨系统①的智能小车精准定位，让餐盘"从天而降"到对应的餐桌上。

这科幻电影般的场景就发生在北京冬奥会的智慧餐厅中。这间能容纳1700余人用餐的智慧餐厅里，共有超过60款餐饮服务类机器人，每个机器人都能够熟练掌握烹饪中晃、颠、划、翻、推、拉、扬、淋等手法，有的机器人甚至用上了机器视觉技术②，能实时监测食材的色泽饱和度等状态，并据此调节火力强度和烹饪时间，让菜肴出品稳定性强、色泽和口感保持一致。精湛的厨艺让不少运动员和媒体叹为观止，话题"冬奥机器人餐厅"还一度登上了微博热搜。

炒菜机器人在冬奥村的华丽亮相是我国机器人产业蓬勃发展的缩影。国家统计局数据显示，2021年全年，我国工业机器人产量累计达366044台，同比增长44.9%，创历史新纪录。与此同时，我国连续8年成为全球最大的工业机器人消费国，应用领域覆盖汽车、电子、冶金、轻工、石化、医药等

---

① 一种通常由悬空轨道、自动运输车和自动升降设备等组成的送餐系统。
② 机器视觉是人工智能的重要分支，通俗而言就是用传感器代替人眼来做检测和判断，在一些不适于人工作业的危险工作环境、人工视觉难以满足要求的场合以及大批量重复性工业生产过程中，都可以用机器视觉来替代人工视觉，从而提高生产灵活性和智能化程度。

冬奥会智慧餐厅用"云轨"传菜

52 个行业大类、143 个行业中类，而服务机器人、特种机器人[①] 也在餐饮、旅游、教育娱乐、清洁服务、安防巡检等领域实现了规模应用。

以餐饮业为例，在冬奥会炒菜机器人大放异彩之前，我国已经有不少企业探索将机器人与餐厅煎煮烹炸融为一体，2018 年，京东在 X 未来餐厅使用了会炒菜的机器人，且用料精准，据顾客反馈，菜品味道与普通厨师无异；2021 年，美团与汉堡王一同推出每小时至少能制作 150 个汉堡的智能汉堡机，可满足 30 多种不同口味，兼顾了出餐效率和餐品品控，也有效避免用餐高峰时可能出现的失误，确保每一个送到消费者手中的汉堡都符合标准。

无论是工业机器人，还是服务机器人，他们从设计图纸走进各行各业背

---

① 特种机器人，指一般由经过专门培训的人员操作或使用的，辅助和/或代替人执行任务的机器人，据其特种机器人所应用的主要行业，可分为电力机器人、建筑机器人、物流机器人、医用机器人等。

后是国家一系列的政策支撑。早在 2006 年 2 月，国务院就发布《国家中长期科学和技术发展规划纲要（2006—2020 年）》，首次将智能机器人列入先进制造技术中的前沿技术；之后随着 2015 年《中国制造 2025》战略出台并实施，中国工业机器人产业迎来迅速发展，全年产量从 2015 年的近 3 万套发展到 2020 年的 23.7 万套。2021 年"十四五"规划进一步提出，要深入实施制造强国战略，推动机器人等产业创新发展；12 月，工信部会同国家发改委、科技部等 14 个部门印发《"十四五"机器人产业发展规划》，提出到 2025 年我国成为全球机器人技术创新策源地、高端制造集聚地和集成应用新高地的目标。

中央支持及地区经济发展需求的双重驱动，带动了各地方政府将机器人列为重点培育的战略性新兴产业，因地制宜制定不同发展路线。

依托珠三角发达的制造业基础，广东已拥有近 7.5 万家的机器人相关企业，深圳、广州、东莞、佛山等 11 个地市形成全国领先的机器人产业集群，打造完整的机器人上下游产业链；在长三角地区，浙江以萧山机器人小镇和余姚机器人小镇为核心，发展温州、嘉兴、台州等多地特色机器人产业，省内在役工业机器人超过 12 万台；京津冀地区强化产业链协作，形成以海淀为技术创新区，以经开区为产业聚集区，以房山、顺义等为特色产业发展区，以天津、河北为产业链配套供给区域的梯度发展模式……机器人产业正加快释放地区经济活力，深入改造人类社会的生产、生活方式。

习近平总书记曾指出，国际社会将机器人视为"制造业皇冠顶端的明珠"，其研发、制造、应用是衡量国家科技创新和高端制造业水平的重要标志。由此可见，机器人产业的发展并非孤立事件，它既推动了工业、制造业的数字化转型，亦是新一轮科技革命与产业变革的必然结果。在这背后，新一代信息技术正与先进制造技术深度融合，加速着工业 4.0 时代[①]"中国制

[①] 工业 1.0 是蒸汽机时代，工业 2.0 是电气化时代，工业 3.0 是信息化时代，工业 4.0 则是利用信息化技术促进产业变革的时代，也就是智能化时代。

造"向"中国智造""中国创造"的转变。

机器人产业发展快马加鞭，让人们看到了先进技术落地为生产生活所带来的强大力量。近年来，中央多次发布文件，明确"制造业是数字经济的主战场"，指出要推动数字经济和实体制造深度融合。2021年，我国从5G、工业互联网方面着手，先后出台《工业互联网创新发展行动计划（2021—2023年）》《5G应用"扬帆"行动计划（2021—2023年）》等文件，鼓励各地方建设"5G+工业互联网"融合应用先导区，拓展5G、大数据、AI等数字化技术在采矿、钢铁、电力、原材料、装备、消费品、电子等行业的应用。31个省（自治区、直辖市）也均已出台5G、工业互联网相关政策，发布一批示范性较强的应用案例。

比如在采矿业，山西省新元煤矿携手山西移动、华为公司打通首个井下5G VoNR[①]语音和视频电话，完成全国首例基于煤矿5G专网的VoNR测试和功能验证，为井上井下协同工作、远程检修指导等工作提供通信保障；在钢铁业，云南电信与玉溪新兴钢铁厂打造"5G数字孪生[②]透明工厂"，通过5G无人行车与机器人实现自动加渣、一键卸煤堆煤，帮助工人远离高危、高污染的工作环境；在制造领域，南京电信与中兴通讯在江宁滨江开发区打造全球首个5G应用型智能制造基地，在产线人员减少28%的情况下，实现生产效率提升27%，生产周期降低13%。数据显示，截至2021年12月，全国5G应用创新案例超过1万个，"5G+工业互联网"在建项目超过2000个，覆盖22个重点行业；有全国影响力的工业互联网平台超过150家，连接设备数量超过7600万台，服务超过160万家企业[③]。这一系列数据背后，也正

---

① VoNR被视为未来5G主流的语音技术，解决了以往5G网络上的终端在语音通话时，信号会回落至4G甚至3G、2G的问题，使用户能同时享受更高清、优质的音视频通话和5G高速数据上网。
② 数字孪生是指通过数字化手段，将一个物体完全复制到数字设备上、便于人们观察的技术。它可以完全绕过实物，直接通过操控数字孪生体进行模拟、仿真和预测。
③ 来自工信部数据以及中国互联网络信息中心发布的第49次《中国互联网络发展状况统计报告》。

智慧工厂内，技术人员调试 5G 无人驾驶 AGV 叉车

是我国科技成果加速转化应用，助力实体制造转型升级的成果。

需要看到，尽管我国的智能制造已取得诸多成绩，但想要在全球新一轮产业竞争中取得领先优势，仍需进一步克服发展短板。例如在工业机器人方面，我们仍面临产业基础薄弱、核心技术创新能力不足、关键零部件依赖进口等问题；在"5G+工业互联网"领域，5G 工业模组①的价格高昂、技术门槛高、研发难度大，且长期被海外巨头高度垄断，极大程度限制了我国 5G 工业应用的规模推广。

为避免关键核心技术受制于人，推进智能制造仍需要坚定不移走自主创新道路，实现高水平科技自立自强。2021 年 4 月，习近平总书记实地考察广西柳工集团有限公司时强调："只有创新才能自强、才能争先，在自主创新的道路上要坚定不移、再接再厉、更上层楼。"在工信部等八部门联合发

---

① 5G 工业模组内部集成了 5G 基带芯片等各类元器件，可让工业设备上传或下载数据信号实现 5G 速度，满足车联网、工业互联网等场景对高速率、低时延和高可靠性的需求。由于使用环境复杂，5G 工业模组对整个芯片模组的寿命、可靠性、安全性和稳定性等方面也有着更苛刻的要求。

布的《"十四五"智能制造发展规划》中亦有所体现。《规划》指出，把科技自立自强作为智能制造发展的战略支撑，加强用产学研协同创新，着力突破关键核心技术和系统集成技术。加快系统创新、加强自主供给也被视为"十四五"及未来相当长一段时期内的重点任务。

在政府部门的引导下，近年来国产厂商迎难而上，通过自主研发、生产，填补了国内多项技术空白，打破国外垄断。例如在备受关注的芯片领域，中国南方电网有限责任公司基于国产自主CPU内核[①]和封测技术[②]，研发了国内首款基于国产指令架构[③]、国产内核的电力专用主控芯片"伏羲"；力通通信推出国内首款高性能5G射频收发器[④]芯片B20，拥有100%的自主知识产权，可用于5G移动通信基站、专网，有助于该领域摆脱国外进口限制……在一些消费品或生活服务中，小米、华为、阿里巴巴、腾讯等，也纷纷基于自身业务需求，加大了对国产芯片的研发力度与资金投入。

小到一枚5G芯片，大至一座"智慧工厂"，背后是我国向着"制造强国"目标迈出步伐。面对百年未有之大变局，制造业面临的不仅是机遇还有挑战。随着政府持续完善5G基站和工业大数据中心等基础设施，以及制造业不断增加研发与人才培养投入，未来，科技创新所能带来的改变也将是长远而超越想象的。

---

① CPU（中央处理器）是一块超大规模的集成电路，是计算机系统的运算和控制核心；CPU内核则是CPU中间的核心芯片，用来完成所有的计算、接受/存储命令、处理数据等，是数字处理核心。
② 半导体封装测试是指将通过测试的晶圆按照产品型号及功能需求加工得到独立芯片的过程。
③ 指令集是CPU中用来计算和控制计算机系统的一套指令的集合，其先进与否关系到CPU的性能发挥，属于芯片设计中的一部分。基于不同的指令集，芯片企业设计出不同的架构，进而设计出不同流派的芯片。
④ 射频收发器传输可广泛运用在车辆监控、工业数据采集系统、身份识别、安全防火系统、生物信号采集、水文气象监控、数字音频、数字图像传输等领域。

> 延伸阅读

跨越 700 公里远程"挖煤","矿鸿"为智能矿山带来新变革

2021 年 9 月,中关村论坛的展览区域出现了这样一幅场景:近 5 米长、2 米宽的 LED 大屏上,投放出矿井中的实时监控画面,操作人员正利用一站式远程操控台,"驾驶"采煤机进行井下作业。过去 9 个人花费一天时间才能采出的 6000 吨煤炭,现在即使远在 700 公里之外的北京,也仅需要 1 个人就能做到,并且更加安全、精准、环保。

一站式远程操控台是国家能源集团神东煤炭集团的自主研发成果之一,作为我国首个 2 亿吨级煤炭生产基地,神东近年来致力于建设亿吨级智能化矿井群。但煤矿场景的智能化十分复杂,往往需要搭建数据平台、开采系统、运输系统等上百个系统,且这些系统又由来自不同厂商的设备构成,有不同标准的网络制式、应用平台和数据处理机制,这就导致系统间的智能化协同作业很难完成,给煤矿中的最高需求——安全,带来了严峻考验。

为此,国家能源集团与华为达成合作,完成了矿山领域首个物联网操作系统——"矿鸿操作系统"。

"矿鸿"是华为鸿蒙 OS 系统在智能化煤矿场景的首次应用,凭借独特的"软总线"技术[1],"矿鸿"可以搭建统一的设备接入层操作系统,以统一的接口和协议标准实现不同厂家设备的协同与互通。目前,"矿鸿"已在神东煤炭集团的 4 个矿厂、6 个场景成功应用,适配 20 种设备 398 个应用单元,如液压支架主控器、工作面通信控制器、组合开关显示控制器以及各类巡检机器人等。

---

[1] 分布式软总线能让多设备融合为一个设备,带来设备内和设备间高吞吐、低时延、高可靠的流畅连接体验。

例如，原先井下设备大多屏幕较小或没有显示屏，现在只需拿着带屏智能终端（如平板、手机）"碰一碰"，就可以在智能终端上直接查看或设置参数，操作更加方便；再比如，"矿鸿"能通过巡检机器人和传感器收集矿井的氧气、瓦斯、水位、矿压等环境数据，并与矿灯等穿戴设备互联互通，实时观测井下人员的位置信息、血氧饱和度和心率，并随时发出危险信号预警，提升安全保障。

业内人士认为，向更远处看，工业互联网操作系统需要不断迎接和适配 AI、工业 VR、5G 乃至 6G 等技术的落地和成长，而以打破设备边界、实现物联网互联互通为设计目标的"软总线"技术，恰恰具备了其所需的成长性。因此从某种意义而言，"矿鸿"的落地具有里程碑式的性质，因为它不仅是一个工业控制与设备互联的全新方案，更象征着自主可控的操作系统的全新可能。

数字技术为服务业创造新增长空间

2021 年，中国经济实现 GDP 同比增长 8.1%。同时，全年全国服务业生产指数比上年增长 13.1%，新兴服务业已成为经济发展的重要驱动力，基于大数据、云计算、AI、5G 的创新业态日趋活跃。

临近年关，经营传统粤菜的广州酒家凭借几道预制菜[①]，登上了央视的《经济半小时》栏目，成为餐饮企业创新的代表。

据报道，广州酒家采用中央厨房，统一采购、加工和冷链配送，通过数据量化实现菜品调味、火候标准化，再凭借-30℃急冻隧道、运输后台实时温度监测锁住菜品新鲜风味，使得预制菜简单加热即可上桌，提高餐厅效率，也为消费者提供了堂食、外卖之外的选择。截至 2022 年 1 月，广州酒家已推出十余款预制菜，最受欢迎的盆菜在淘宝平台的月销量超过 6000 份，月销售额超过 180 万元。

2021 年，餐饮连锁化进程持续加速，企业也在不断探索新模式新业态。其中，预制菜既满足消费者的无接触服务、食品安全与溯源需求，又契合了连锁餐饮对数字化管理、品控稳定的需要，并进一步提高了中央厨房的效率。据中国连锁经营协会数据，国内超过 74% 的连锁餐饮已自建中央厨房，其中超过半数在研发标准化成品及半成品，不乏西贝莜面村、松鹤楼、眉州东坡、小南国等头部连锁品牌。

2021 年 5 月，农业农村部在《关于加快农业全产业链培育发展的指导

---

① 预制菜即不需要买菜、洗菜、切菜、调味等工序，只要简单蒸炒便可食用的菜品。

意见》中强调，要创新发展农商直供、预制菜肴、餐饮外卖、冷链配送等业态，开发推广"原料基地+中央厨房+物流配送"等模式。这一指导意见的发布让探索预制菜模式的连锁餐饮吃了一颗定心丸。随后以广东为代表的地方政府也推出各项举措，从供应链建设、技术标准、营销推广等方面为当地预制菜产业提供支持。

10月，广东举办中国（东莞）农产品食品化工程中央厨房（预制菜）峰会，成立广东中央厨房（预制菜）产业联盟；12月，广东省农业农村厅召开预制菜"双节"营销暨"云上花市"工作会议，将预制菜列为2022年广东农产品"双节"营销的重点产品。截至2021年底，广东省内的预制菜相关上下游企业已超5000家。

连锁餐饮想通过预制菜打响品牌新优势，关键在于开发受消费者喜爱的个性化菜品。这就对供应链、物流和冷链保鲜提出更严格的要求，在采购、加工、存储、配送等环节皆考验着连锁餐饮的数字化管理能力。

为助力连锁餐饮对预制菜的推广与研发，美团买菜、叮咚买菜、盒马、每日优鲜等生鲜电商纷纷上线预制菜专区。其中美团买菜通过"锁鲜"体系，在菜肴成品、冷链运输、送达用户的全过程中，实时监控温度和其他影响菜肴品质的因素，降低风味、营养成分的流失。同时，美团买菜还将平台大数据和商户对接，在预制菜开发上帮助选品并预估市场，降低了供应链周期。美团数据显示，2021年的预制菜销售规模较2020年增长4倍。从全国范围看，商务部对重点电商平台的监测表明，在"2022全国网上年货节"中，预制菜销售额同比增长45.9%。

数字化为连锁餐饮带来新机遇，也为中小餐饮商户增加营收。以北京为例，通过对餐饮商户的堂食、外卖场景进行数字化转型指导，2021年1—7月期间，北京市餐饮收入672.2亿元，同比增长65.7%，增速较全国高23.4个百分点。同时，评价在四星到五星区间的商户线上规模占比21.46%，高于一线城市平均商户规模。北京市商务局表示，下一步将启动十大数字化特色街区培育，帮助街区提升餐饮数字化优质商户数量。

政府部门重视小店的数字化改造，互联网企业也相应推出一系列数字化经营服务。例如美团"外卖管家服务"帮助商户月均交易额平均提升79%，其存活率也比没有使用过管家服务的商户高出39%。饿了么"火箭计划"在3个月的时间内将22条外卖运营建议"教"给11000家中小商家；抖音"心动餐厅"以短视频的形式，提升本地优质餐饮商家的线上曝光量。在政府扶持、企业助力、小店自强的多方作用下，2021年我国餐饮业加速回暖。据国家统计局数据，2021年餐饮收入46895亿元，同比2020年增长18.6%。

餐饮业深度拥抱数字化，物流业也向智慧化加速升级。"十四五"规划中共20处提到物流、13处提到供应链，这是中国历史上五年规划中首次高频部署物流与供应链，并明确提出要"培育智慧物流新增长点"。在过去一年中，智慧物流加速增长的突出表现之一，是自动配送的"上天入地"。

截至2022年3月，京东在全国超25个城市投用近400辆智能无人快递车，阿里巴巴有350多辆"小蛮驴"在200多个校园、社区等地运营，美团自动配送车"魔袋20"在北京顺义地区及全国数个高校常态化运营并支持

美团无人机为小区居民配送物资

6个城市科技抗疫，室外全场景累计配送近150万张真实订单，自动驾驶里程超100万公里。在城市的低空物流运输方面，无人机也在部分城市建立了"空中通道"。2021年12月，继在深圳落地8个居民社区后，美团又在深圳星河WORLD落地国内首条产业园内的无人机配送常态化试运营航线，打造国内首个无人机配送全覆盖的智慧产业园区，为周围3公里内的社区、园区提供"物资15分钟抵达"服务。

兼具综合经济与社会效益，自动配送能缓解即时配送的人员短缺、人力成本高、人工配送效率不稳定等难题，也为餐饮、生鲜零售的到家场景提供了更安全、卫生的即时配送方案。但作为新事物，其大规模商业化离不开法律法规、政策的支持。对此，北京、深圳等城市率先展开自动配送的合规探索：5月，北京市高级别自动驾驶示范区向京东物流、美团、新石器等发放国内首批自动配送车车辆编码，开放北京亦庄225平方公里路权；10月，深圳发布国内首部自动驾驶低速无人车商业应用标准，填补低速无人车定义规范和商业应用方面的空白。作为"无人机之都"，深圳早在2013年就制定了《深圳市航空航天产业发展规划（2013—2020年）》，其无人机适飞空域面积占比达到65%，拥有全国最好的低空空域条件。得益于各省市、地方的探索以及自动配送所展示出的经济、社会价值，2021年年底，"建设完善自动化分拣设施、无人仓储、无人车和无人机配送"被写入《数字交通"十四五"发展规划》。

同时，"十四五"规划还强调要健全县乡村三级物流配送体系和加强邮政设施建设，实施快递"进村进厂出海"工程①，推动智慧物流的建设向乡村地区延伸。伴随智能仓储中心、数字化网点等基础设施展开铺设，城乡之

---

① 快递"进村进厂出海"工程包括快递进村、快递进厂、快递出海等3项具体工程。快递进村指推动快递服务下沉农村，建设集邮政、快递、电商、仓储等功能于一体的村级综合服务站；快递进厂是指搭建快递平台，积极推进快递业深度融入制造业生产流程；快递出海是指鼓励快递物流企业和先进制造企业协同出海，建立自主可控、安全可靠的国际寄递物流供应链，支持快递企业积极发展海外业务。

间的双向通道进一步畅通，农村地区大力发展乡村电商。2021年全年，我国农村地区收投快递包裹总量达370亿件，带动农产品出村进城和工业品下乡进村超1.85万亿元。一系列针对性举措也在落地：2月，《关于全面推进乡村振兴加快农业农村现代化的意见》提出，加快完善县乡村三级农村物流体系，改造提升农村寄递物流基础设施；8月，商务部等九部门印发《商贸物流高质量发展专项行动计划（2021—2025年）》，指出要建设城乡高效配送体系、促进干线运输与城乡配送高效衔接、改善末端冷链设施装备；同月印发的《关于加快农村寄递物流体系建设的意见》还规划了到2025年实现"乡乡有网点、村村有服务，农产品运得出、消费品进得去"的目标，鼓励支持物流企业为农产品上行提供专业化供应链寄递服务，提出2022年6月底前拟建设300个快递服务现代农业示范项目。

以江西省赣州市安远县为例，过去安远县向外寄快递的单位成本是沿海地区的5至7倍，严重制约当地产业发展。但创新性地引进智运快线系统后，装载快递的穿梭机器人在近地低空索道上的自动驾驶最高时速可达60公里，

"智运快线"正在为村民寄送快递包裹

县域范围内，村民随时收寄快递都能一小时到达，100公斤货物运输100公里的直接成本仅需3—5元，较传统物流方式下降50%以上，带动当地脐橙、红薯、蜂蜜等特产出山。目前，江西省商务厅等9部门印发的《江西省商贸物流高质量发展专项行动方案（2021—2025年）》中，已经将在全省"推广智运快线"列入了方案。

众多物流和电商企业也在积极推动乡村地区完善物流配送体系。在山东省德州市庆云县，申通、圆通等6家快递企业集中入驻助农快递服务中心，统一分拣、共同配送，降低快递进村成本；在江西省吉安市泰和县，菜鸟采用智能灯条、云监控、自助取件终端高拍仪等数字化设备，让驿站工作效率提升50%；盒马、美团买菜、每日优鲜等电商平台在全国各地建立数字化生鲜直采基地，通过冷链配送环节的全程温度监控和快速流转的运输工具接驳，实现农产品"采摘—寄递—接收"的无缝对接，帮助农民减少损耗、提升收入。在"快递进村"工程上，我国快递乡镇的网点覆盖率也达到了98%，有50多万个建制村全部实现直接通邮。

作为现代服务业中的代表性产业，旅游业也在这一场数字化变革中找到了新机遇。在《从数字生活到数字社会——美团年度观察2020》一书中，我们曾探讨了"互联网+旅游"的种种表现，过去一年，旅游业一边持续深化线上预约及无接触服务，一边加强景区智慧化建设与管理，通过开发数字化文旅产品，提升游客游玩体验。2021年4月，文旅部接连发布《"十四五"文化和旅游科技创新规划》和《"十四五"文化和旅游发展规划》，明确了推动5G、人工智能、物联网、大数据、云计算等在文化和旅游领域应用，鼓励景区发展定制、体验、智能、互动等消费新模式和沉浸式旅游体验新场景。截至2021年底，文旅部已委托立项文化和旅游科技创新工程项目100项，评定首批国家旅游科技示范园区试点7个，遴选文化和旅游装备技术提升优秀案例39个。旅游业与科技的结合日益紧密，让文化、自然资源焕发新活力。

作为全国首批国家旅游科技示范园区7个试点项目之一，山西文旅数字体验馆凭借720°镜像长廊和沉浸式CAVE空间①，让游客得以"云游"从太行山脉到黄河的诸多风光，还通过全息投影、AR、体感交互等技术，打造可感知、可互动的古老晋商文化，让游客在万里茶路和晋商大院之间尽情"穿越"。一些景区还通过数字化实现更精细的游客服务。例如"数字故宫"小程序2.0就支持游客实时查看故宫各主要开放区域的参观舒适程度，使得游客灵活避开拥挤场馆，实现自助式"错峰"游览。同时，该小程序还内置了官方推荐的多条游览路线，涵盖"避暑""赏秋""紫禁城日常"等热门内容，配合AR实景导航，满足游客对故宫的个性化、立体化探索。

为落实"预约、错峰、限量常态化"治理要求，在线预约、分时预约也在持续推进建设中。截至2021年8月，全国提供在线预约服务的A级旅游景区超过6000家，除了开放式景区外，5A级景区均实现分时预约，4A级景区的线上预约覆盖率也超过75%。例如在泰山景区，约有85%游客通过美团、景区微信服务号预约门票。通过门票实名制预约，泰山实现了对游客客源地、年龄结构、性别占比等动态趋势的大数据分析，进而推出各类定

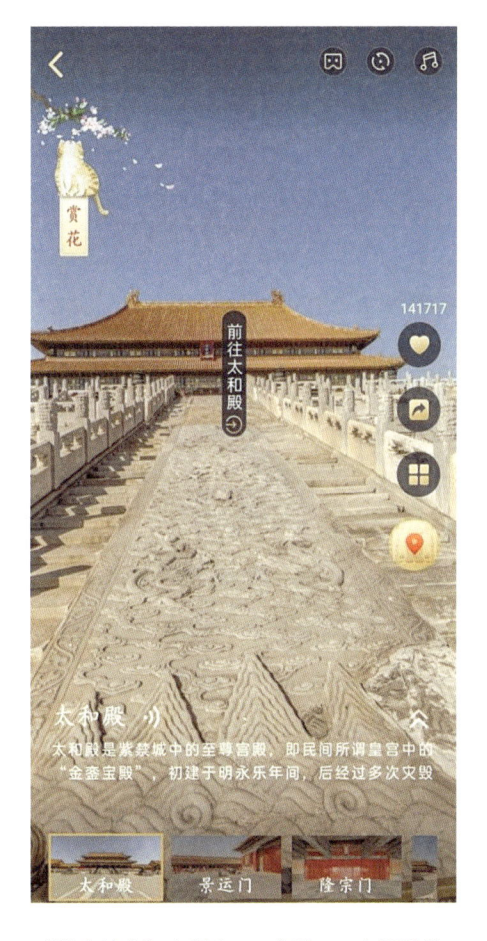

"数字故宫"小程序2.0实现AR实景导航

---

① CAVE是一种基于投影的虚拟现实系统，由围绕观察者的四个成像面组成。观察者戴上立体眼镜、视角跟踪设备以及交互传感设备在其中走动时，系统将自动计算每个投影面正确的立体透视图象，同时该3D环境中的任何物体都可以进行交互操作。

制化产品，提供电子导游、微信直播、AR 讲解等服务。通过建设智慧景区，2021 年五一期间，泰山的游客接待量比 2019 年的五一假期增长了 18%。为让游客的景区游玩扫码流程更加顺畅，河南省、杭州市、武汉市等地政府还在融合健康码、行程卡的基础上，将景区入园、文博场馆预约等各类场景二维码打通，让市民、游客真正实现线上预约、一码通行，助力本地旅游业的数字化转型提质增速。

与旅游业密切相关的酒店业同样以数字化技术进行智能改造，在过去一年中进行了创新性的尝试。3 月，杭州市下城区卫生健康局试点"透明保洁智能监管系统"的消息引起热议，酒店管理者通过向酒店床上用品植入耐水洗、耐高温的 RFID 芯片①，实现实时跟踪酒店布草更换与清洁轨迹。当住客扫描布草二维码，相关洗涤信息一目了然，入住更加安心。一些酒店通过使用"智慧布草"，节省了布草折旧和损耗成本，并在布草清点、交接、库存盘点等环节提升管理效率。目前，同程旅行 APP 在上海、西安、沧州、厦门等地已上线"安芯智洁"标签酒店，贴上标签的酒店点击转化率提升 300% 以上。

不过，受限于硬件设备、系统建设与技术的高成本，现阶段"智能酒店"仍处于初级发展阶段，不少酒店方仍保持观望态度。但随着疫情形势逐渐明朗，酒店业正加速复苏，未来顺应了居民消费升级趋势的智能酒店或将迎来新的增长周期。

高质量发展是"十四五"经济社会发展的主题，服务消费已成为推动居民消费持续升级的重要力量。为了满足人民日益增长的美好生活需要，生活服务业也正从扩供给、补短板、提质量出发，不断创新经营模式，激活自身的内生动力和发展活力，助力高质量发展和高品质生活相互促进。

---

① RFID 又名电子标签，采用电子芯片存储信息，每一个芯片都存储了唯一的 ID 编码，保证防伪的基本功能，常用应用包括身份证、通行证、电子收费系统、电子病历和物流管理等。

> **延伸阅读**
>
> ## 如何"穿越侏罗纪"？且看常州中华恐龙园的智慧之旅
>
> 从深海生命萌芽，到丛林生机盎然；从小行星天降撞击，到人类火种点燃大地……在被誉为"东方侏罗纪"的常州中华恐龙园，一场沉浸式光影秀凭借数百个3D光影艺术装置与无人机，向游客呈现了生命起源与文明演替的地球往事。
>
> 21年前，为了保护远古动植物化石，中华恐龙园"落户"江苏常州。多年来，恐龙园接待了超过6000万游客，一度在2018年成为亚太地区游客数量增速最快的主题公园①。
>
> 不同于传统博物馆的展陈方式，早在创立之初，中华恐龙园就大量运用多媒体与互动装置，给游客带来更身临其境的"穿越侏罗纪"体验。被列入国家5A级旅游景区后，景区采用了更多虚拟现实、全息投影、仿生机器人等技术应用，打造Bus Ride、Walk Through、魔幻剧场、互动脱口秀、4D影院等更具沉浸感的互动体验项目，并逐步推出无票进入系统、无人导览服务平台、智慧停车系统和景区微信小程序，通过集中展示项目预约、热门活动、演出安排、电子地图、网红美食、特色纪念商品、点餐送餐等常用服务，满足游客的个性化游园需求。
>
> 同时，中华恐龙园也在不断丰富自身的文旅消费产品，在抖音、小红书、驴妈妈、携程、趣周边等平台加强了精准营销，通过恐龙主题趣味短视频、恐龙科普小故事音频、恐龙文创商品入驻直播间等形式不断吸引更多潜在游客。截至2021年10月，常州中华

---

① 美国咨询机构艾奕康（AECOM）联合主题娱乐协会（TEA）发布《2018全球主题公园和博物馆报告》，常州中华恐龙园以27.9%的增幅，成为亚太地区前20名主题公园中游客数量增速最快的企业。

恐龙园的景区小程序在升级后新增了46万会员，使用活跃度和消费转化率皆超过40%。

值得注意的是，该景区的许多技术应用都是恐龙园集团团队的原创，其自主研发并获得的知识产权已有近百项，覆盖了多种前沿技术应用领域。或许也得益于此，中华恐龙园入选了文化和旅游部科技教育司在2021年11月发布的国家旅游科技示范园区试点名单，成为全国仅有的7个试点之一。

用艺术的眼光来看待技术，再将技术更好地运用在乐园中，伴随着景区的"恐龙科技"源源不断出现，一个更恢宏、更壮丽的"恐龙星球"正在缓缓进化形成。

柳州螺蛳粉和鹤岗小串：工业城市的地标小吃产业样本

腐竹酥脆，酸笋开胃，在米粉中依次浇上红汤及种种辅料，便可享受满口酸辣鲜香。短短几年间，螺蛳粉凭借着电商平台和快递物流，从地摊小吃发展成顶流美食，远销20多个国家和地区。至2021年，全国螺蛳粉实体店超1.8万家，网上袋装螺蛳粉店铺超2万家。广西柳州市商务局数据显示，2021年柳州螺蛳粉全产业链销售收入达到501.6亿元，其中袋装柳州螺蛳粉销售收入达151.97亿元，成为广西首个年寄递量突破1亿件的单品。

螺蛳粉的走红证明了特色产业对地方经济发展的巨大价值。2021年4月，习近平总书记在广西柳州考察调研时表示，"发展产业一定要有特色。螺蛳粉就是特色，抓住了大家的胃，做成了舌尖上的产业。要继续走品牌化道路，同时坚持高质量、把住高标准。"其中，"高质量""高标准"代表了柳州对螺蛳粉特色产业的发展要求。

作为工业城市，柳州在发展螺蛳粉这一小吃产业时，也秉持着工业思维，将标准化、规模化理念植入了全产业链的每一个环节。《舌尖上的中国》大火之时，带动了在其中亮相的螺蛳粉声名鹊起，但当时螺蛳粉限于堂食享用，流通范围有限。这时柳州人想到，可以将螺蛳粉做成袋装速食，这样既能规模化生产，又能通过电商将其推广给更多人。2014年，柳州市颁出首张袋装螺蛳粉生产许可证，成为柳州螺蛳粉大规模工业化生产的开端。通过陆续出台《食品安全地方标准 柳州螺蛳粉》《柳州螺蛳粉汤（配）料包生产规范》《柳州螺蛳粉生产消毒杀菌规范》等标准，柳州市对袋装螺蛳粉的用料、包装、产品理化指标、微生物指标等作出了统一规定，连每一根米粉的含水量都有数据要求，进而确保产品质量稳定。官方还建立了螺蛳粉质量检验中心，检测能力覆盖全产业链的172个小类、173种产品和2303项检测参数，多重把关袋装螺蛳粉的口味、食品安全等。

由于传统螺蛳粉需要手工制作，成本高、工序长，众多袋装螺蛳粉企业开始引进自动化、半自动化生产线，并通过高温灭菌、恒温烘烤等技术改进，提高米粉产量，使米粉更便于存储和运输。在当地，一些袋装螺蛳粉企业90%的生产工序已实现了自动化。随着大数据、物联网、云计算等信息技术在工业领域展开应用，柳州市也尝试将其运用到螺蛳粉的生产制作环节。2020年起，柳州市大数据局对袋装螺蛳粉生产企业展开试点，通过采集原材料种养殖、农产品加工、物流运输等场景的数十类数据，完成了螺蛳粉产业大数据可视化系统展示和柳州市袋装螺蛳粉日产量演算，并在全市范围内鼓励各螺蛳粉企业推广大数据运用。

以全国第一家智能化螺蛳粉工厂螺霸王为例，其生产线"一碗粉和九种配料"的制作过程都可实现大数据全程监控，产品合格率、检验情况、设备能耗以及从国内到海外的销售数据，都能在长达17米的数据大屏幕实时呈

螺霸王袋装螺蛳粉自动化生产线

现。这也是螺蛳粉行业中单体产能规模最大、数据化程度最高的工厂，每天能生产袋装螺蛳粉150万包。

一碗螺蛳粉带动一个产业，一个产业再衍生出一条上下游供应配套的多元化产业链。为最大程度发挥集群效应，柳州市建成螺蛳粉产业园、螺蛳粉特色小镇、螺蛳粉电商产业园等产业集聚区，吸引原料供应、产品加工、电子商务、物流配送等100多家企业入驻，建成、认定12个螺蛳粉原材料基地，发展原材料种养规模超50万亩，带动约20万农户致富增收。以鱼峰区为例，这里是全国最大的袋装螺蛳粉产区，日均产能300万袋，每年对原材料的需求达到138万吨。对此，鱼峰区引导白沙镇、里雍镇的农户种养原材料，建成标准化示范基地6950亩，每年可生产12500吨豆角，425吨竹笋，300吨螺蛳，175吨辣椒、毛木耳等，总产值达3.82亿元。在白沙镇，许多村民从6月初就开始收割竹笋，以一亩产出上万斤、每公斤2.4元的收购价格算，村民每打理10亩的竹林，就能实现年收入超10万元。2021年5月，鱼峰区政府还上线了螺蛳粉产业大数据平台，通过监测原料价格指数变动走势和企业生产情况，指导农户动态调整种养计划，优化种植、养殖结构。

凭借螺蛳粉的网红效应，柳州也打响了城市知名度，不少游客慕名而来，带动了当地的旅游、餐饮消费。2021年3月，柳州市对外发布全国首条"螺蛳粉文化体验游"线路，游客可以沉浸式感受螺蛳粉的历史文化，还能在产业园内参观、体验螺蛳粉的科技创新成果。在2021年"五一"假期期间，柳州成为广西各地市中游客最多的城市，接待人次达到271.33万，可谓是"一碗螺蛳粉，带火柳州城"。

从原材料的田间栽培到袋装粉的车间作业，从线下堂食的打卡直播到线上下单的即时配送，一碗螺蛳粉从无到有，带动了柳州市当地的一二三产业融合发展，创造出30多万个就业岗位，串联起了无数劳动者的创业与奋斗。

同样是工业城市加地标小吃的组合，小串也是鹤岗人幸福生活的具象化。2021年11月，一条"95后鹤岗小伙经营小串年入百万"话题在微博上引发关注，鹤岗小串进入大众视野。

热搜中的 95 后店主表示，他每天需要工作持续近 15 个小时，但凭借自己的努力，烧烤店不仅受到本地顾客的好评，还吸引了许多省外的客人，目前一年可以达到 100 多万的纯收入。

95 后小串店主正在店里忙碌

小串养活的不仅是店主，在常住人口不到 100 万的鹤岗，每 300 个家庭中就有 1 个家庭以烧烤为主要经济来源。据不完全统计，仅在美团这一平台，当地上线的烧烤商户就接近 600 家。从鲜肉批发商到烧烤师傅，从烧烤店服务员到外卖骑手，一大批劳动者皆因小串受益。目前，鹤岗本地的烤串师傅月收入在 6000 元到 8000 元之间，服务人员的旺季月收入也能达到 4000 元以上，接近二线城市的同业薪资水平。

和螺蛳粉一样，鹤岗许多烧烤店虽同为小串，但也区分出了不同品牌。一批小串店以"小而精"的思路深耕本地市场，但也有一批小串店发展出了连锁规模，在外地拥有数十家加盟店。凭借餐饮后台管理系统，这些连锁小串店对全国加盟商进行统一管理，有些建起了自己的原料加工厂，让加盟店从加工厂统一采购，实现烧烤品类的初步标准化管理；还有些通过中央厨房统一加工、配送主料,并对每一位烧烤师傅进行技术指导,从而保障每家店的烤串都能接近100%口味一致。这些加盟店让小串的影响力在全国进一步扩散,成为鹤岗的一张新招牌。许多鹤岗人前往北京、上海等大城市打拼时,也选择将开小串店作为自己落脚的第一步。据美团平台数据显示,2021年1—9月期间,"鹤岗小串"的相关搜索量比2019年同期上涨了335%。

不过,相较于柳州螺蛳粉,鹤岗小串的发展规模较小,且较为零散,尚未实现产业化效应。为扩大产业规模,鹤岗市政府多措并举,近年来多次组织名厨争霸赛、鹤岗小串大比拼等活动,并将"鹤岗小串"历史写入《鹤岗市志》,助力其申请地理标志证明商标。2021年,鹤岗市政府还推动成立了"鹤岗市小串烧烤餐饮商会"等行业组织,并与美团达成合作意向,未来将进一步完善产销地对接的供应链体系,拓宽优质农产品及区域特色产业销售渠道,推动包括鹤岗小串在内的鹤岗区域特色品牌打响全国知名度、美誉度。

2021年10月国家发展改革委印发的《东北全面振兴"十四五"实施方案》提出了要"推动产业结构调整升级,改造升级传统优势产业,培育壮大新兴产业,大力发展现代服务业,着力提升创新支撑能力"。对于正推动城市转型的鹤岗市而言,小串或许也将成为其撬动第三产业转型、提振城市经济活力的重要切入点。

类似的螺蛳粉、鹤岗小串的故事还在各地陆续上演。围绕"小"吃而发展起来的"大"产业,本质上是整个供给侧所发生的规模化、数字化、智能化升级,也使得不同代际、地域的人群在同一条产业链实现了生产价值的共同分享。正如习近平总书记所说,"把高质量发展同满足人民美好生活需要紧密结合起来,推动坚持生态优先、推动高质量发展、创造高品质生活有机结合、相得益彰。"推动现代服务业同先进制造业、现代农业深度融合,不仅是增强我国产业链供应链韧性、保持我国经济平稳健康可持续发展的需要,亦是我国持续改善民生、扎实推进全体人民共同富裕的实质性体现。

> 延伸阅读

400年重庆小面走出"网红范"

2022年3月，重庆市大渡口区宣布获得超过126亿元的总投资额，共计22个投资项目将集中落户。引人注目的是，和大数据智能化、大健康生物医药、环保、新材料等高科技产业相比，看似平常的重庆小面却占据了本次投资项目的绝大多数，足有9个项目与其直接相关。

其实这并不奇怪。重庆作为"中国小面之都"，有8.4万家小面店，每天卖出1260万碗面，年产值近400亿元。但这近400亿的年产值，都主要来源于线下门店。而如果重视线上销售渠道，研发出标准化生产的速食版小面，那么每销售1亿元，就能直接带动原材料辣椒销售400吨、花椒销售50吨、菜籽油销售1800吨、榨菜50吨，既促进当地餐饮消费，又能鼓励农村发展特色种植业，发展潜力十分巨大。

于是在2021年3月，重庆市政府提出全力打造以"重庆小面"为IP的地域特色名片，让有着400年历史的重庆小面走出山城，成为新晋网红。5个月后，大渡口区联合重庆市相关部门设立了重庆市小面产业园，将其纳入大渡口区五个百亿级产业消费品工业产业集群的核心之一，金牌干馏、井谷元、呼啦面馆、面大爷、重庆它红凯鸿等30多个重庆小面品牌相继入驻。同时，重庆小面电商产业园、制造产业园也在加快建设中。

重庆市小面协会会长兴奋地表示，往后，小面行业将线上线下全面开花，让工业化预包装重庆小面搭上数字化、网络化的快车，走向全国、走向世界。

■ 专家观点

以"社区电商"推动供应链数字化转型

夏杰长

(中国社会科学院财经战略研究院)

近年来,伴随着互联网技术向实体经济的快速渗透,新技术、新服务同传统商业模式结合的应用场景日益丰富,不断改变着原有的经济生产关系与社会生活方式。特别是2020年疫情后,以生鲜电商、社区团购为代表的"社区电商"得到了快速发展,成为百姓寻常生活的新选择和社区经济的新形态。相关数据表明,2020年底,我国生鲜电商市场规模达3641亿元,同比增长42%;社区团购全年成交总额约720亿元,同比增长78%。社区电商市场的快速增长,一方面反映出新技术及其催生的新模式,正悄然改变着居民的生活习惯,不断满足人们对便捷、新鲜、平价的消费需求;另一方面,作为终端零售的新形态,社区电商顺应了国内零售行业精细化、小型化的发展趋势,代表了整体行业数字化转型和高质量发展的重要方向。为进一步挖掘"社区电商"在供应链数字化转型提效方面的作用,我们拟围绕商品供给链路、终端价格差异、流通成本构成、供给品损耗、商家资本周转等维度,对大型超市、传统农贸菜场、社区电商三种零售业态的供给特征与优劣进行详细对比,以期对社区电商模式的供应链提质效能开展的探索和认知。

一、"社区电商"供应链数字化转型

（一）社区电商拓展了传统供给渠道

与超市、农贸市场等传统零售业供给链路相比，社区电商模式具有缩减供给链路，实现区域集采统配的精细化供给特征。传统零售业供给链路，从产地或品牌商到最终消费者手中至少经过产地、产地经销售、销地经销售（二批甚至三批）、超市等门店、终端消费五级销售流通体系。而社区电商模式复用原有产地和产地经销售的供给系统，并将其嵌入平台所搭建的"中心仓"—"网格仓"—"团点"组成的三级物流网络，进而绕过了加价最为混乱的销地经销环节以及运营成本较高的终端门店。与此同时，在商品选择和分拣方式上，社区电商会对高频次的日销品实现有计划的聚集，依靠社区销售习惯平滑供给。因为，品类集中且类目少于农贸市场和超市，可大幅缩短分拣工作时长，提升工作效率。社区电商模式的另一特点在于其依照区域需求，实现货品的集采集配和线路优化，替代了传统多头配送发货场景，可节约物流运力，为供应链的降本提效提供了空间。

（二）社区电商与超市相比具有多维度的降本效能

与传统供应链相比，社区电商通过数字平台的供需对接，以销定产，降低了传统产品供给链的诸多不确定性，具有多维度的降本提效功能。首先，"社区电商"模式绕过了链路冗杂，加价繁多的销地批发环节，降低产销差价成本；其次，"社区电商"的仓储实为分拣仓，而非贮藏仓，因此并不产生储藏成本；最后，与传统超市相比，"社区电商"模式消除了进场费、年节费、店庆费、年底返利、毛利补偿费等多种管理杂费，有利于提供更平价的商品和服务。为更精准地测算社区电商模式的供应链效率，我们基于武汉社区电商所售商品，重点比对了蔬菜、水果、肉类、标品调味料等产品的终端价格和供应商价格。研究发现，在标品供给上，社区电商比超市成本降低35%左右；在生鲜品上，水果、肉类和根茎类蔬菜，比超市成本降低30%—

40%；但由于水分和品相要求，社区电商在叶菜类的供给成本与超市接近。

表1 社区电商与传统渠道主要商品终端价格对比

品类	蔬菜（元/斤）		水果（元/斤）		肉类（元/斤）		标品（元/件）	
	花菜	芹菜	石榴	火龙果	排骨	五花肉	老干妈	豆瓣酱
大型商超	5.99	7.99	7.34	9.9	45.9	19.8	13.6	11.3
农贸市场	3	6	3.5	—	30	14	10	6
社区电商	2.89	6.58	4.32	2.68	33.73	16.23	8.9	6.38

数据来源：2021年9月武汉市市场价格。

（三）社区电商与农贸市场相比可显著降低生鲜品损耗

在实地调研中了解到，传统以农贸市场为主要渠道的生鲜配送系统，存在大量的商品损耗。例如，五级分销链路中，每一环节的"选、抓、捏、拿"均会带来5%—10%的生鲜品损耗，部分叶菜类菜品的损耗率甚至会到达15%左右。社区团购由于采取预售制，产品以整件制发出，可以充分降低生鲜品配送的过程损耗，而由于产品品质不达标造成的少量损耗基本可以控制在3%—5%以内。我们结合走访调研和成本构成分析，将综合超市、农贸菜场、社区电商三种业态的成本按采购成本、管理成本、损耗成本三种方式拆解。研究表明，农贸菜场的损耗成本占比最高，可达总成本的10%左右；超市与社区电商的损耗成本占比接近，约占各自总成本的5%，但超市的管理费用占比明显高于社区电商。

表2 社区电商与传统销售渠道成本构成比较

成本构成	采购成本	管理成本	损耗率
大型商超	40%	55%——销售人员薪酬、推广类促销费用、合同类促销费用、进场条码费、年节费、店庆费、年底返利、毛利补偿费、生鲜补偿费、堆垛费、物流运输费等	5%

续表

成本构成	采购成本	管理成本	损耗率
农贸市场	80%	10%——进场费、水电费、摊位费、物流运输费等	10%
社区电商	60%	35%——中心仓、网格仓分拣成本、配送成本、配送履约、自提店店长佣金、质保金、营销推广拉新	5%

数据来源：武汉、成都、天津等社区电商市场调研。

（四）社区电商可显著缩短商家资金回款周期缓解货物堆存压仓

供应商是社区电商模式中最重要的关联主体，也是数字化重塑传统零售行业的重点对象。在实地走访和座谈中了解到，绝大多数供应商，特别是传统供应链的一级分销商对"社区电商"持积极肯定的态度。其原因来自两个方面，一是社区电商模式可有效化解传统分销企业存货积压，降低供应商的库存风险；二是社区电商模式可显著缩短商家资金回款周期，避免因货款长期不到位引发的"三角债务"问题。我们在调研考察了解到，传统商超及菜市场等零售终端的业务模式为先进货、后卖货，存货周期较长，而社区团购仓储实为分拣仓，而不是存储仓，周转期基本为1—2天。在资金周转方面，社区电商回款周期在3—5天，明显短于超市和便利店超过30天的回款周期，这也是中间供应商愿意为社区电商销售商品主动降价的重要原因。

表3 社区电商与传统销售渠道资金周转与库存时长比较

业态	库存天数	年周转次数	资金周转
综合超市	28—30天	12—16次	30—40天
便利店	20—22天	18—24次	20—25天
社区电商	1天	—	3—5天

数据来源：武汉、成都、天津等社区电商市场调研。

表 4 综合超市货物周转周期

品类	天数	品类	天数	品类	天数
酒水饮料	20 天	家庭用品	50 天	清洁用品	22 天
文化用品	52 天	休闲用品	52 天	大小家电	35 天
鞋	35 天	季节性服饰	35 天	非季节性服饰	35 天
食品	24 天	冷冻冷藏	15 天	熟食	5 天
蔬菜杂粮	10 天	面包	5 天	生鲜	7 天

数据来源：武汉、成都、天津等社区电商市场调研。

（五）有利于缓冲市场供需矛盾和平抑价格异动

社区电商的本质是基于信息技术和数字平台，对传统零售市场实现更加精准、细化、同频的供需匹配，进而形成零售品的社区近场化供给。社区日常消费品的复购率高，商品流量相对平滑，社区电商平台可基于每日，甚至每天多时段的消费数据，沉淀区域消费数据，进而获得城市社区和下沉市场等消费场景的规律性特征；再借助供应链的前置布局，实现区域所需商品的预购与储备，由终端需求决定前端供给，缓解商品市场的资源错配，平抑因供需失衡产生的价格异动。2021年10月以来，受秋季蔬菜主产区降雨等多种因素影响，国内绿叶菜价较往年出现了大幅上涨，供给的不确定性造成大量消费者囤积蔬菜和日用商品，形成商品挤兑压力。面对抢购潮，国内社区电商平台充分发挥了全国范围的直采直销网络优势，基于平台订单开展集采直配，对菜价的稳定发挥了重要的缓冲作用。

二、"社区电商"推动供应链数字化转型的对策建议

从市场的发展需要看，未来社区电商仍有很大的需求市场，并成为推动零售行业数字化转型的重要抓手。首先，我国的城镇化水平仍有较大的提升空间，伴随着未来社区与社群数量的进一步提高，社区电商向下沉市场的发

展引力依然较大。其次，随着老龄化和家庭小型化发展趋势的形成，城市的生活半径将进一步向社区集中，消费的便利性将成为百姓的重要因素。再次，伴随着数字经济的发展趋势，数字技术将推动传统供应链进一步优化甚至重塑，精准、实时、细化、平价的商品供给将成为未来行业的新要求。因此，社区电商满足了新发展阶段下多种新趋势的叠加需求。"社区电商"推动供应链数字化转型，需多方发力，综合施策。

（一）借助社区电商形成零售供给体系错位发展态势，推动传统零售商数字转型

因供应链渠道的不同，社区电商模式与传统零售供给存在差异化的供给特征。社区电商不可能完全替代原有的零售消费场景，其适用群体更加偏向便捷性需求高，且价格中度敏感的消费人群，现阶段该模式可与现有农贸市场、线下超市并行发展，互为补充，不是有你无我的冲突。比如，在品类上，社区电商所售商品种类明显低于传统线下卖场；在消费习惯上，即时采购和现场挑拣仍是消费者的刚性需求。因此，应瞄准社区电商服务人群的差异化定位，将其作为零售品消费方式的一种有益补充，用以满足消费者的便利性需求。同时，面对超市等受影响群体，相关行业部门应同政府和电商服务企业一道，加快研究传统供应链的提质增效空间，探索传统中间渠道和大型供给终端的数字化转型路径。

（二）探索传统供应链路提质空间，加强重点从业人员技能培训

传统零售链中农贸市场和商超在地理位置、商品种类、服务群体和消费场景等方面具备一定独特优势，不会在数字经济冲击下短时间内出现收入陡降，但随着消费者对消费便捷程度和商品品质等方面需求日益丰富，传统销售渠道和模式已不能够满足消费者多样性需求，并且社区电商的兴起在流通成本控制等方面提供了良好参考。同时新型商业模式和快速更替的技术手段

对传统供应链相关环节的从业人员职业素养提出挑战。在此背景下，需要政府同传统零售物流企业、电商服务企业一起积极探索传统供应链转型升级空间，加强对主要从业人员、重点人群的相关技能培训，有效支持传统零售中间渠道企业和传统小店等零售终端开展数字化转型。

（三）把稳社区电商的合理价位区间，建立数字化供应链的市场预判机制

从社区电商的成本构成看，社区电商商品的理性价格应低于下线大型超市，但高于菜贩或集贸市场，政府和行业主管部门，可精算社区电商模式在产品供给链成本上的合理降幅，给出合理价格降幅区间；同时，树立社区电商合规标杆企业，发挥引领和表率作用，推动行业标准的出台。鼓励各地商贸部门与社区电商平台合作，共同发掘并发挥数字化供应链的市场预判作用，平抑市场供需矛盾与价格异动。

（四）鼓励社区电商向低线城市和下沉市场发展，完善下沉市场基础设施建设

我国消费市场庞大，消费需求具有明显的多层次性，同时城镇化水平仍有较大的提升空间，加之移动互联网在低线城市和农村的普及意味着未来随着社区与社群数量的提高，社区电商向下沉市场的发展引力会更大。社区电商延伸了零售链末端，使端点可以渗入传统商贸难以布局之地。居民消费升级背景下，鼓励社区电商向低线城市和下沉市场布局发展，不仅能够满足这部分消费者多样化、个性化需求，也能有效撬动下沉市场消费增量，进一步带动完善基础设施建设。如支持和鼓励各类电商服务企业布局下沉市场零售终端网点和供应链；对设置智能终端配送系统和相应设备给予一定的政策支持；规范并细化社区电商终端网点建设，对参与乡村社区电商配送的物流企业，给予下乡村配送补贴。形成从社区电商零售全链路、多维度鼓励向下沉市场发展的引导。

（五）加强多方主体协同，推动社区电商健康有序发展

社区电商是一类涉及消费者、社区、物流企业、平台企业以及政府等多方主体的新型商业模式，推动其有序健康发展还需要参与各方协同发力，共同构建治理体系。政府部门在完善基础设施、保障物流链路畅通且覆盖全面的基础上，还应针对消费者权益保护、市场恶意竞争等核心问题加强监管，及时制定发展规制和标准以及网络交易监督管理办法，完善市场竞争规则。相关企业应当注重遵守市场秩序和相应法律法规规定，规范经营操作，对从业人员进行定期培训和考察，保障商品及服务的质量。此外，社区管理部门需要对此类新型零售模式做好应对，创新管理方式以提供更好的公共服务。

■ 专家观点

科技创新激活产业新业态新模式

潘教峰　吴　静

（中科院科技战略咨询研究院）

当今世界，新一轮科技革命和产业变革加速演进。互联网、人工智能、5G、云计算、物联网等新一代信息技术作为本轮科技革命最活跃的关键技术群，应用赋能方兴未艾，极大地促进着人机物深度融合，催生了数据这一经济社会发展的新型生产要素。依托数据、算力、算法三要素共同作用，网络购物、在线教育、互联网医疗、共享经济等新业态新模式竞相涌现。新业态新模式网络化、数字化、智能化的内在属性，使其表现出区别于传统经济快速迭代、高效运作、深度融合、柔性共享、精准触达等新特性，重塑创新链、产业链、价值链，拓展经济社会发展新疆域。

为进一步发挥新业态新模式在我国高质量发展中的新动能作用，国家"十四五"发展规划纲要作出"促进数字技术与实体经济深度融合，赋能传统产业转型升级，催生新产业新业态新模式，壮大经济发展新引擎"的统领性宏观指引。"十四五"时期，以科技创新激发产业新业态新模式反映了全球数字化转型大趋势，是数字中国深化发展的重要载体，是传统经济转型升级的必然选择。

一、科技创新激活产业新业态新模式的赋能路径

科技创新,特别是诸如新一代信息技术的通用技术,在激活产业新业态新模式的过程中,其赋能途径具有全过程、全链条特征,渗透于产业研发创新、产业协同融合、产业生产制造、产业营销服务等各环节,全方位提升产业对新业态新模式的接纳性和融合度。

(一)科技创新赋能产业研发创新

新业态新模式快速迭代的特征,要求产业具有比以往任何时期更高、更强的研发创新能力。新一代信息技术助力产业形成开放创新思维、协同创新模式、迭代创新路径。

数字技术引领开放创新思维。在数字化发展大环境下,创新主体间完全竞争的排他关系向共生共赢关系转变,封闭式创新思维向开放创新思维转化。互联网平台的网络效应打破传统单一企业、单一产业的创新边界,甚至以全社会共同参与的方式加速产业创新。数字技术助力协同创新模式。依托大数据、区块链等数字技术,开放创新生态打破地域、部门、组织、环节的信息藩篱,加速产业链上下游信息传播,并以构件化和模块化灵活架构,实现产业链上下游协同创新,服务产业新业态新模式。数字技术催生产业迭代创新路径。传统单向创新路径在数字时代演化为闭环迭代创新。产品原型进入市场之后,数字技术及时收集用户使用习惯、产品性能等数据,向上反馈至创新链,引导研发环节充分了解市场需求,形成 B2C2B 数据闭环,促进创新链、产业链紧密衔接,推动产业创新方向螺旋式迭代升级。

(二)科技创新赋能产业协同融合

新业态新模式高效运作、深度融合的特征,要求产业突破组织边界,形成贯通式发展模式。数字技术为产业实现纵向协同与横向协同提供有力支撑。

从纵向协同看,基于物联网的终端感知和产业互联网平台的数据融合,

产业链上下游关于材料、生产、采购、物流配送的信息壁垒得以突破，供需信息动态匹配，实现资源优化配置，降低供给成本，提高产业链稳定性，为产业设备共享、人员共享、产能共享以及虚拟产业园等新业态新模式夯实信息协同基础。从横向协同看，数字技术有助于产业之间通过跨领域的信息对接、需求对接、服务对接，拓展产业内涵和发展空间。制造业服务化是跨产业协同发展的代表性方向之一。在数字技术作用下，制造业价值链由以制造为中心向以服务为中心转变。通过物联网、5G等数字技术，在产品销售的基础上进一步提供运行状态监测、预防性维护等延伸服务，催化"制造+服务"新业态新模式。

（三）科技创新赋能产业生产制造

新业态新模式柔性共享的特征，要求产业转变生产模式，具备智能化、定制化生产能力。数字技术从生产价值观、生产技术和生产方式为产业带来颠覆性变革。

数字技术推动以产品为中心向以用户为中心转变。在大数据驱动下，产业对用户需求的捕获更加明确、更加精准，引导传统以产品为中心的生产价值观向以用户为中心的价值观转变，定制化生产和用户至上契合新业态新模式多元化、服务化发展需求。数字技术推动以经验驱动向知识驱动转变。"无人工厂""黑灯工厂"等新业态新模式是制造业转型升级的重要形式之一，其内在本质在于利用数字化手段将行业隐性知识显性化，并固化为模块化、智能化的软件组件和流程标准，变经验驱动为数字驱动，技术水平得以大幅提高。数字技术推动规模化向柔性化转变。在知识显性化、模块化基础上，数字技术提供了按照既定规则自动完成各种要素组合操作的可能，实现生产过程自动化，支持多品种小批量的柔性制造模式。

（四）科技创新赋能产业营销服务

新业态新模式精准触达的特性，要求产业建立与消费侧的紧密连接，精准掌握用户动态需求。互联网、5G、物联网等数字技术为产业营销服务建立"无处不达""无时不在"的全时空网络，消除信息不对称。

数字技术建立多渠道营销网络。在数字技术作用下，传统单一线下供给模式全面向线上线下融合发展方式转化。线下实体经济向线上拓展，打破时空限制，以更精准快捷的服务满足消费者多样化消费需求。同时线上营销数据也为线下产业发展提供动态市场信息，引导产业发展方向，两者相互融合、相互促进。数字技术创新个性化服务。在线上化基础上，产业借助数字化手段自动采集消费数据，借助数据分析获知用户的行为模式和需求特征，形成用户数字画像，使产业服务更精准、更细致，满足新业态新模式个性化需求。

二、"十四五"产业新业态新模式发展的新要求

"十四五"时期，我国经济进入由高速增长向高质量发展的新阶段。碳达峰碳中和、区域协调发展、乡村振兴等一系列国家重大战略，对产业新业态新模式绿色化、普惠化、规范化发展提出新要求、提供新动能。

（一）产业新业态新模式发展需要绿色化

"十四五"国家信息化规划明确提出，要实现数字化和绿色化协同发展。产业新业态新模式的绿色化发展，在于新基建绿色发展及其对传统产业的绿色赋能。

新业态新模式的能耗与排放主要来源于数据中心、5G等新基建。在宏观层面，在"东数西算"工程统领下，借助数据中心集群化，以"全国一盘棋"统筹能源供给与算力需求，优化空间布局，控制碳排放。同时，微观层面的数据中心应创新节能技术，通过持续降低数据中心电源使用效率（PUE），实现节能降碳。此外，还应以数字化、网络化、智能化改造优化高排放传统产业生产管理流程，实现行业降本节耗，释放新业态新模式绿色赋能价值。

(二)产业新业态新模式发展需要普惠化

现阶段,由于数字素养和技能差异,区域间、经济主体间、个体间仍存在较大的数字鸿沟。我国中小微企业数字化转型比例约25%,远低于欧洲的46%和美国的54%;60岁以上的老年人中,仍然有50%以上的人没有使用过互联网的服务。"十四五"时期,产业新业态新模式普惠化发展是经济社会全面迈向现代化的必然要求。

在区域层面,实现城乡数字发展普惠化,既需要以农产品电商、智慧旅游、云农场等新业态新模式实现农产品市场拓宽,打造数字农业农村发展新路径;也需要以在线教育、在线医疗等公共服务远程化供给,提高农村地区民众数字素养和公共服务普惠。在经济主体层面,应进一步引导中小微企业提出数字化转型应用需求,鼓励平台企业开发更适合中小微企业需求的数字化转型工具、产品、服务,发挥数字化转型的市场能动性。在社会个体层面,互联网科技企业应在服务应用中加快推进适老化改造,助力老年人、残疾人等重点群体平等、便捷、安全地使用互联网。

(三)产业新业态新模式发展需要规范化

新业态新模式蓬勃发展也带来了数据安全、算法滥用等新问题。"十四五"时期,产业新业态新模式的规范化发展成为我国数字化高质量发展的迫切要求。

新业态新模式的规范化发展不是"管死",而是以规范制度进一步激发新业态新模式在促进经济增长、激发消费潜力、保障社会就业等方面的潜能。平台作为产业新业态新模式发展下数据、资本、劳动力等各类要素汇聚的枢纽,应承担起规范化发展的主体责任,处理好三大关系。一是平台与政府的关系。随着政府对平台监管更加全面更加深入,平台应承担对数据安全治理和隐私保护、商品质量保障、食品安全保障等方面的责任。二是平台与参与企业的关系。平台应促进营造公平竞争、规范有序的市场环境,为企业信息对接、服务供给提供技术支撑。三是平台与就业劳动者的关系。平台作为灵活就业人员的"蓄水池"，应健全平台劳动者公平就业、劳动报酬、劳动安全、社会保险等措施，切实保护劳动者各项权益。

三、激发产业新业态新模式的问题与对策

科技创新激活产业新业态新模式离不开数字基础设施、数据要素、数字生态以及配套制度等各要素的协调运转。但目前各要素的推进仍存在瓶颈，亟须进一步深化完善。

第一，数字基础设施建设仍不充分。目前，我国新型基础设施建设有序推进，但农业基础设施能力薄弱，工业互联网节点远不能满足工业互联网数据互通的要求，核心芯片、基础软件、系统装备短缺问题依然严峻。为此，"十四五"时期，需加强农村地区基础通信设施和数字平台建设，在农业数据采集、利用、开发的基础上创新农业数字化应用场景。完善工业互联网顶层设计，以产学研协同创新推进各类软硬件关键核心技术攻关，深化打造系统化、多层次的工业互联网平台体系，推动工业互联网在行业、区域协同发展的生态体系。

第二，数据要素价值仍未完全释放。随着新业态新模式不断深化，与之匹配的国家数据资源体系尚不健全。数据交易市场准入、市场监管等机制尚不清晰，阻碍数据要素发挥乘数效应和倍增效应。为此，"十四五"时期，要加强数据产权界定和保护，加快健全数据权属法律法规体系。推进数据分级分类管理体系建设，完善数据授权采集、合规使用、处理加工、网络传输、跨境流动、数据交易等全生命周期管理，促进数据有序开放和共享利用。完善数据价值评估定价制度，大力培育数据要素交易市场。

第三，数字生态培育仍不健全。当前，以超大平台企业为主体的数字生态底层数据融通不畅，阻碍市场公平与生态价值发挥；中小企业融入数字生态的积极性不足；互联网平台国际化发展水平偏低。为此，"十四五"时期，要进一步推动平台开放合作，鼓励发展互利共赢的数字生态。依托数字生态

数据优势，以市场和业务订单的对接激发中小企业融入数字生态的积极性，破解"不会转""不敢转""不想转"的困局。支持互联网大型头部企业以开发针对海外市场的产品和服务、参与行业标准和规则制定等方式积极拓展海外市场，提高国际竞争力。

第四，配套制度建设仍不同步。在新业态新模式发展中，涌现出的经济主体数字化转型不充分、区域数字化发展不平衡、收入分配不合理等问题，揭示相应制度建设仍显滞后。"十四五"时期，要深化协调新业态新模式配套制度，优化分配与再分配。以税收、金融等政策优惠培育一批具有新业态新模式赋能能力的"专精特新"企业，带动细分领域中小企业数字化转型。加强数字税收制度研究，统筹区域间转移支付，缩小新业态新模式引发的数字鸿沟。

年度热词

工业互联网：工业互联网是促进工业转型升级、推动经济高质量发展的重要力量，自 2018 年起连续 5 年被写入《政府工作报告》。目前，工业互联网基本形成平台化设计、智能化制造、网络化协同、个性化定制、服务化延伸、数字化管理六大典型融合应用模式，应用范围向钢铁、机械、电力、交通、能源等 40 个国民经济重点行业加速渗透。

专精特新："专业化、精细化、特色化、新颖化"的中小企业，各有各的"独门绝技"。2022 年两会前夕，《政府工作报告》指出，要促进资金、人才、技术等资源向"专精特新"企业集聚，激励更多企业敢于创新，催生更多拳头产品，为推动高质量发展注入活力。

国产芯片：一年以来，"芯片国产化"话题备受关注，为了摆脱"卡脖子"局面，政府推出了相关优惠政策，国内科技企业也加大了研发投入。目前，国内设备厂商已成功进入大多数半导体制造设备细分领域，但整体还有相当大的提升空间。因此，半导体产业发展是我国推进技术创新的一大关键，未来其发展进程仍将提速。

沉浸式文旅：2021 年 6 月，《"十四五"文化产业发展规划》提出支持景点、主题公园等地运用文化资源开发 100 个以上的沉浸式项目。"沉浸式文旅"即为通过 5G、VR、AR、全息投影等技术，让消费者更深度地参与游玩过程，获得"身临其境"感。沉浸式文旅项目除了沉浸式戏剧、沉浸式演艺、沉浸式新媒体艺术、沉浸式实景娱乐、虚拟现实主题乐园等几类，还逐步与餐饮、剧本杀、博物馆等产业结合，衍生出多种新业态。

新职业篇

新职业有了"国标",数字化打开就业新空间

就业是最大的民生,是国民经济的"晴雨表"和社会稳定的"压舱石"。2021年,全国城镇新增就业1269万人,全年全国城镇调查失业率平均值为5.1%,比上年平均值下降0.5个百分点。劳动力市场求人倍率稳定在1以上,供需保持基本平衡。全年就业目标任务圆满完成。同时,就业质量稳中提升,创业带动就业动能持续增强,通过深入实施就业优先政策,我国保持了就业局势的总体稳定,实现了"十四五"就业工作的良好开局。

这一年,不仅传统就业岗位进一步释放,数字经济等新产业新业态新模式逐步发展壮大,催生大量新就业形态和灵活就业岗位。能够适应新时代发展的新职业有了更大的发展空间:智能硬件装调员、服务机器人应用技术员,这些与智能设备打交道的新职业满足了人们对便捷智慧生活的憧憬;调饮师、酒体设计师,这些不断创造美味饮品的新职业,丰富了年轻人的味蕾。此外,2亿灵活就业人员在数字浪潮下找到了更多实现自我价值的机会。同时,高校毕业生、退伍军人等重点群体依托互联网实现了自主就业和创业,造就了"自己给自己造饭碗"这一现象,让就业基本盘得到进一步的稳固。

伴随着就业群体的扩大,灵活就业人员的就业环境也得到了进一步保障,医疗保险、工作体检、职业规划、家庭关怀……不断织起的保障网让他

们有了归属感与安全感，也让灵活就业这个稳就业的重要抓手变得更有力量。当然，灵活就业从"另辟蹊径"变成"康庄大道"还有待各方共同努力，要让新职业更好更快发展，需要各方相关配套政策保驾护航。

更多机会，更多保障，新职业的兴起是新时代活力奔涌、动能澎湃的生动例证。随着中国经济持续迈向高质量发展，一个又一个新职业将实现从无到有的生长、从有到好的蝶变，为奋斗者标注美好生活的方向，为中国经济行稳致远提供源源不竭的动力。

数字化催生新职业，"高新细"职业成就业香饽饽

"看过电影《钢铁侠》吗？智能硬件大概就是钢铁侠家里那些看起来很科幻的设备，再加上一个智能管家——贾维斯。"出生于1998年的智能硬件装调员黄绍鑫这样介绍自己的工作。

黄绍鑫现在北京区域服务全屋智能家装客户，虽然从事智能家居硬件工作仅两年的时间，但他已精通包括照明、遮阳、安防、影音、新风等多种智能产品的设计、安装和调试，目前一个月有上百个订单。这背后需要掌握基本的硬件知识、软件知识、家装知识、水电知识等。"基本上是一个多业务的综合操作，要是不懂水电，连入门都做不到。"黄绍鑫说，"很多人都希望自己的生活充满科技感和未来感。我的工作，就是让业主的生活，像科幻电影一样。当然，是以前的科幻电影，现在已经成为现实。"

和黄绍鑫一样，85后何智勇的工作也是跟智能设备打交道——服务机器人应用技术员，他要"服务"的产品是一款叫"小豹"的送餐机器人。"小豹"可以从厨房接过菜品后精准地送到顾客的餐桌旁，并能够在送餐过程中，对来来往往的人群进行及时避让。满满的科技含量背后，其实是大量的数据积累与学习，而何智勇的工作就是教会它学习。

"我们的日常工作是要去规划它的行进地图，前期要跟原先从事这个岗位的人员做非常深入的沟通，把他们的经验转化成给服务机器人的学习的素材，不断地去训练它。"据何智勇介绍，"这个过程其实很痛苦，很多客户的需求是不着边际的，有一次我甚至写了二十几版方案，我们还要做大量人机交互的测试，没有点职业精神，很难把这样的一项服务于人的工作做好，但

浙江省嘉兴市亚特电器有限公司的工程技术员在调试机器人并做好记录

也很享受这个过程。"

智能硬件装调员、服务机器人应用技术员，这些和智能设备相关的职业在2021年正式成为人力资源和社会保障部认可的新职业，同一批发布的还有汽车救援员、食品安全管理师等。这些职业虽然没有特别高的学历门槛，但对从业者的技能和素养都提出了更高的要求，而且，他们从事的机器人、家电、汽车等产业也都在向知识密集型升级。可以说，新的产业生态催生出了这些更有技术含量的新职业。

从2019年至2021年，人社部已发布四批56个新职业，超过半数在高新技术领域、新兴产业和现代服务业。数字化技术发展和变革催生出的新职业正朝着高技术、数字化方向发展，并持续拓展就业空间。人社部中国就业培训技术指导中心发布的《新职业在线学习平台发展报告》也显示，未来5年新职业人才需求规模庞大，预计云计算工程技术近150万、物联网安装调试员近500万、无人机驾驶员近100万、人工智能人才近500万、工业机器人系统操作员和运维员均达到125万。随着自动化、智能化程度不断提升，企业对新职业人才需求更为迫切。

人才紧缺也带动了薪资高涨。以北京为例，北京市人社局公布的2021年前三季度人力资源市场薪酬调查报告中，新职业始终出现在"高、新"热招岗位中。其中，二季度报告显示，在26个"高、新"职业中，仅4个职业的月平均薪酬中位数低于20000元，整体来看，在"高、新"热招的岗位中，80%的岗位薪酬中位数在每月20000—30000元区间，一定程度上反映出高新蓝领新职业人才在市场上的受欢迎程度。

人才的高精尖化也成为稳定就业局势、实现更充分更高质量就业的重要推动力。中国信息通信研究院发布的《中国数字经济就业发展研究报告：新形态、新模式、新趋势（2021年）》称，从总体结构上看，数字产业化就业岗位占比显著高于同期数字产业化实现的GDP占比，高端就业吸纳能力强。同时，从招聘岗位看，第三产业中，科研和生活性服务业是就业需求"主战场"，第二产业中高科技产业推动就业效果明显。

2021年8月23日，国务院发布《"十四五"就业促进规划》（以下简称"规划"）指出，要加快发展数字经济，推动数字经济和实体经济深度融合，催生更多新产业新业态新商业模式，培育多元化多层次就业需求，以实现"更加充分、更高质量"就业为目标，提高服务产业的就业带动能力。

在中央宏观政策的指引下，各地方政府纷纷加码，引导更多人才从事高新职业。如江苏省将符合条件的灵活就业人员纳入补贴范围，把无人机驾驶员、互联网营销师、供应链管理师等新兴职业纳入高技能人才培训紧缺职业（工种），可以比其他同类型职业（工种）培训补贴高出30%。青岛市人力资源和社会保障局会同青岛市工业和信息化局等6部门也联合发布《关于公开征集新职业信息的通知》，要求重点围绕青岛市13条产业链，突出重点产业和关键领域，开放适应高、新、尖技术发展的新职业，经采纳并公布的新职业可纳入省职业技能等级认定范围，取得职业技能等级证书人员享受相应待遇。

除了技术含量更高，新职业人群从事的服务也在向纵深发展，碳排放管理员、企业合规师、调饮师、公司金融顾问等一系列精细化的职业开始受到更多关注。对于这一变化，调饮师夏云龙深有感触。

调饮师这一新职业指"对茶叶、水果、奶及其制品等原辅料通过色彩搭配、造型和营养成分配比等完成口味多元化调制饮品的人员"。可夏云龙觉得，这份工作的价值不仅是制作一杯茶饮而已。他每天需要很早就到店铺做备料准备，"葡萄需要剥皮、去籽、捣碎、腌制；茶叶需要水煮、称重、焖制、拍打，一系列的标准步骤操作完成后，才能成为当天的物料。每天与不同的客人打交道，不仅要有很强的服务意识。还要会动手也要动脑。"据夏云龙介绍，他们公司的调饮师有1万多人，"大部分是像我一样的'95后'。不过，公司会对他们进行内部专业培训，也开放了晋升途径。如果做得好，将来可以升职到管理岗位。"

与此同时，一些落后于社会发展需求的职位逐渐被淘汰。2021年4月，国家对2015年版《中华人民共和国职业分类大典》启动修订工作，决定结合现阶段社会职业的发展变化，实施职业分类动态调整；11月，人社部公布《国家职业资格目录（2021年版）》，共计72项职业资格。出入境检疫处理人员资格、乡村兽医资格、注册石油天然气工程师等专业技术人员职业资格退出目录。除与公共安全、人身健康等密切相关的职业工种外，73项水平评价类技能人员职业资格全部退出目录，不再由政府或其授权的单位认定发证。与2017年相比，优化后的目录中职业资格减少了68项，削减49%，解决职业资格"过多""过滥"的阶段性成果有了初步体现。

还有一些从业者尽管其职业暂未被职业大典收录，但在社会需求多元化发展中，群体不断壮大，在提升自身收入水平的同时也在满足着人们对美好生活的追求。比如，风靡游戏世界的"捏脸师"，通过大棚直播治愈网友的"多肉寄样师"、修复童年记忆的"玩偶医生"、为家庭找寻走失宠物的"宠物侦探"等，这些职业具有明显的时代特征，带有强烈的Z世代特色，并成为现代人满足情绪价值、完成情感宣泄的新出口。

1997年的小伙颜秉意是一位"宠物侦探"，他的工作是专门帮失主找回走丢的宠物。每次接到失主电话，颜秉意要先跟失主了解丢失宠物的品种、丢失地点、时间、居住环境等基本情况，再赶到现场根据脚印、毛发等追踪宠物去向。24小时待命，日行七八万步，上天井、钻草丛、被猫狗抓伤已经成为家常便饭。为了提高工作效率，他的团队还为单人配置了内窥镜、生命探测仪、无人机、夜视仪等价值2万多元的设备。工作虽然辛苦，颜秉意却乐在其中，用他的话来说，宠物与主人团聚时的成就感是任何工作都无法相比的，"就像消防员从火场把人救出来一样，我们带回来的是每个家庭的一员。"

爱思考，爱行动，Z世代年轻人们对职业的态度也是国家鼓励创新就业的精髓所在。《规划》中强调要推动传统线下业态数字化转型赋能，创造更多数字经济领域就业机会；健全职业分类动态调整机制，持续开发新职业，鼓励传统行业跨界融合、业态创新，增加灵活就业和新就业形态就业机会。

四川成都，90后兼职"职业宠护师"陈聪抚摸客户的宠物狗

新业态的发展离不开就业观念的推动。在包容开放的时代，人们的事业追求跳出以往单一的标准，登上更广阔的就业舞台。35岁的封海洋自2015年进入外卖行业，靠自己的努力成为管理美团7个站点的区域经理，把手下站点的准时率指标从95%提到了99%。但在看到科技和专业工具的力量后，封海洋意识到，由于学历的门槛限制，区域经理或许已经是他职业发展的天花板。于是，他毅然转型成为自动配送车安全员，每天跟随在自动配送车身旁，保障行驶路上的人车安全。在封海洋的认知中，未来，陪伴在配送无人车身侧的岗位或许会消失，但技能不会，随着无人车产业链的发展延伸，他也会在诸如运营、接驳等新岗位上落定，再次迎来新的职业发展。

随着国家政策顶层设计上不断提升职业技能人才社会地位和待遇，新职业将成为扩大中等收入群体、提升低收入群体收入的重要渠道。同时，通过职业技能培训提升从业者能力与素养是人力资源开发和充分就业的前提，万亿新职业人才市场也将"未来可期"。

> **延伸阅读**
>
> ### 新能源汽车救援员：为出游的车主提供充电救援服务
>
> "'叮——'您有新的订单！"汽车救援员杨志打开手机上的智能接单软件，确认好车辆位置和需求，开着救援车出发了。
>
> 根据车主要求，杨志需要在两个小时内完成取车、救援、归还的全过程。虽然时间紧张，杨志却胸有成竹，先四下环绕车身，再细细查看车舱，确保一切无虞后上传巡检视频。此时，系统根据电池电量、附近充电设备，自动匹配出"先换电再充电"的解决方案。完成全部流程后，比预计的时间还提前了半个小时。
>
> 与传统汽车救援不同，新能源车对救援设施、救援规范有新的要求，"别人瞧着救援就一部手机、一个工具箱、一身工作服，但里面学问多着呢。设备全部数字化，看不懂代码就上不了手，操作

要求标准化，连上螺丝的扭矩都有精确要求，没两把'刷子'真上不了路。"杨志说道。

救援服务保障依赖强大的技术，更仰仗丰富的经验。有的车主新能源汽车电池电量不足10%，困在原地无法动弹，这种时候就需要杨志凭借经验立刻作出判断，"必须开移动电源车去！别看电源车有些笨重，但它装载着两块满电的电池包，一头连着前舱的电箱控制器，一头盘着3米多长的输电管线，充电效率比固定充电桩快多了。"

除了救援车辆，帮车主克服"里程焦虑"也是杨志的一项重要工作。出行路上，很多新能源车主会遇到充电瓶颈，救援员不仅要在充电站点教新能源车车主使用一键扫码充电功能、进行简易故障处理，还需要做一些充电站秩序维护和交通疏导，尽量让车主们感到舒心。

遇上国庆、春节等出行高峰期，工作强度也会随之提高。"去年国庆，我沿着订单一路从承德向北，过塞罕坝，最后到了锡林郭勒，走了3000多公里。订单在哪里，我们就跟去哪里。"杨志说。

日夜驰援，保畅护航，这是新能源汽车救援员的工作写照。杨志认为，未来整个汽车救援业务会围绕着"人—车—生活"提供全方位的服务，而不仅仅是在道路救援层面上。

从城市到农村，数字化拓宽重点人群就业路

距离湖北宜昌秭归县城 50 余公里的郭家坝镇王家岭村，曾是名副其实的"山沟沟"，随着村里脐橙远销全国，这个村子成为远近闻名的"亿元村"。看到家乡的快速发展，原本在上海一家外企做高级翻译的张燕选择回乡创业。依托自己在外打拼获得的资源和经验，她指导农户按照标准化要求生产，施用有机肥，对脐橙按照品质进行分级。如今，秭归脐橙通过美团优选运往全国 17 个省份，超过 800 个区县，橙子月销售量达到 200 万斤，张燕也成为王家岭村创业致富的代表。

不同于张燕放弃高薪工作毅然辞职返乡创业的果敢，柳江区百朋镇下伦屯退役军人韦忠延 2018 年从部队退役，曾尝试过快递员、生产线工人等工作，但这些工作简单重复，韦忠延打心底里不喜欢。2021 年 7 月，韦忠延开始了短视频厨艺之旅，在 3 位同乡青年的帮助下，一个根植于农村、专注分享美食和新农村人日常生活的视频团队——"壮乡大牛"日益壮大，一条条乡土气息浓厚的美食短视频为韦忠延等人带来了收入，还让更多优秀的农村食材走出百朋，走出柳江，帮助乡亲父老实现致富。

互联网技术进步和大众消费升级融合带来的去雇主化和平台化，降低了人们的就业门槛。信通院发布的《数字经济就业影响研究报告》中同样指出，数字经济对就业的促进作用和激活效应仍将大于消减效应。在数字经济下，高校毕业生、退伍军人等重点群体有了更多可以实现自身价值的机会。比如，作为与互联网紧密相关的一代，高校毕业生对数字经济发展有着良好预期。北京大学公布的统计数据表明，该校 2021 年高校毕业生中，有 26.36%

退役军人在网络直播间售卖地方特产

的本科生和 24.76% 的硕士生从事信息传输、软件和信息技术服务行业，占比均为该学历层次中最高。领英《2021 年新兴职业趋势报告》数据表明，电子商务、内容营销、软件开发和工程等自带数字化基因的职业正在成为新的风口。

就读于北京城市学院珠宝鉴定与经营专业的艾海音，从进入大学校门那天起，就找到了职业方向——开一家珠宝"微店"。这并非心血来潮，据艾海音介绍，这个专业的毕业生留在本行业的人并不多，进入大企业要花费很久才能接触到真正的专业，创业又需要大量资金来囤石头、出鉴定书。毕业后开一家小小的"微店"，是让自己顺利进入行业的最佳方式。现在，艾海音的"微店"一年纯利润已经超过 20 万元，而她也有了新的目标，希望能进入大珠宝公司工作，将来做中国人自己的珠宝品牌。

另一位本科计算机专业的应届毕业生高勇，毕业后选择跨界进入二手车买卖行业。以前二手车买卖从业人员很多时候被称为"车贩子"，但如今看车、资格查验、提档过户、签约、交付等全流程均可以通过互联网实现，二手车经纪人的工作内容和方式早已发生了巨大改变。高勇说，想要做好二手车经纪人，还要掌握汽车检测鉴定技术、金融服务知识以及营销等多种复合型数字技能。基于对二手车交易市场广阔前景的判断，高勇对自己的职业选择很有信心。

据中国东方职业教育集团汽车教育专业负责人介绍，2021年二手车专业定向班有70个班左右，将近3000人，就业率达到100%。部分传统行业经过数字化改造升级，对原有岗位的从业技能提出了更高要求，吸引了更多年轻人。

高校毕业生的数字化就业，始终处在国家政策重点支持的范围中。《规划》指出，要结合国家重大战略布局、现代产业体系建设、中小企业创新发展，创造更多有利于发挥高校毕业生专长和智力优势的知识技术型就业岗位。以实现更加充分更高质量就业为目标，政策锚定了一个清晰的路径，为高校毕业生从事数字经济岗位指明方向，让更多有知识、有技术、有态度的年轻人投身数字经济发展浪潮。

临近毕业，大连艺术学院动画专业的虞海没有到处投简历找工作，而是利用自己积累的网上兼职动画设计经验，直接申请了学校的创业项目。在学校支持下，不仅办公地点由大艺文创园免费提供，连水电费也全免。"我创业的成本就是注册一个营业执照的钱，"虞海说道。学校的服务打通了与市场之间的轨道，帮更多人才破解了数字化就业"单打独斗"的困境。

为实现覆盖重要产业链的数字化产业人才布局，在政策指导下，国内多所高校更是积极与企业携手搭建数字经济产业发展人才培训体系。同济大学经济与管理许愿联合SAP中国研究院共同推出"智能化转型前沿课程"；泉州经贸职业技术学院联合清华大学电子商务交易技术国家工程实验室、福州大学（晋江校区）以及泉州市内各职业院校、大中型骨干企业等单位组建起泉州市数字经济产教融合联盟；江西师范大学走出南昌，在上饶揭牌全省首家数字产业学院……

除了高校毕业生，面向进城务工人员、家庭妇女、退伍军人、残障人士等重点帮扶人群，数字生态也降低了岗位的就业门槛，释放人们的创造力和服务能力，为他们带来家门口就业的机会，为乡村振兴注入活力源泉。据《2021中国农村女性就业调研报告》数据显示，部分数字化就业中，女性成为绝对主力，如贵州、陕西、山西等多个县政府引入支付宝数据标注项目，在当地招募的人工智能训练师中，62.3%为女性。蚂蚁云客服招募及培训的在线云客服，72%为女性。村淘直播主播中，53%为女性。河北蔚县桃花镇的鞠影哲承包了村里的7个电商提货点，不但把外地打工的老公拉回来一起干，还雇了4个人手。

习近平总书记赴贵州考察调研时指出，就业是巩固脱贫攻坚成果的基本措施。要积极发展乡村产业，让群众既有收入，又能兼顾家庭，把孩子教育培养好。各地方政府也推出了一系列针对青年人返乡创业的扶持政策。例如，湖北省人社厅联合省发改委、省财政厅等十部门共同印发了《关于深入实施"我兴楚乡·创在湖北"返乡创业行动计划的通知》，完善"引人""育

残疾人在老师指导下学习计算机大数据标注技能

人""留人"政策措施，多措并举引进返乡创业人才；四川省退役军人事务厅、人力资源和社会保障厅、农业农村厅联合印发《关于进一步做好退役军人返乡入乡创业就业工作的通知》，对就业渠道拓宽、平台搭建、参与乡村治理、教育培训和组织保障作出明确要求。

从线上到线下、从打通渠道到产业布局，互联网企业也在数字化"下沉"中深耕细作，为乡村振兴贡献力量。比如，美团推出"乡村振兴电商带头人培训计划"面向驻村第一书记、农村电商企业经营者、传统企业以及返乡创业大学生等开展培训；腾讯与农业农村部签署"耕耘者"振兴计划战略合作协议，将出资5亿元进行人才培训支持；阿里巴巴推出"热土计划"从科技振兴、产业振兴和人才振兴三个方向，进一步探索新科技在乡村落地。

随着数字经济蓬勃发展，数字技术将持续扮演起灵活就业"引导员"和"中间人"的角色，拓宽灵活就业场景应用，完善全流程服务体系，以"小场景"带动"大就业"，推动数字化改革，持续探索公共服务和管理问题的"最优解"。

延伸阅读

重度肢体残疾人成互联网营销师，融入就业"大舞台"

2021年9月，郭锐拿到全国首批残疾人互联网营销师资格证书。"以前只能在家待着，无法独自出门，每天能坐在窗前看风景都觉得很高兴。"如今，郭锐每天都到教培基地上班，在直播间实现就业梦想。

郭锐，37岁，肢体二级，先天性脑瘫患者，双下肢畸形，自出生之日起便无法直立行走，长期以轮椅代步，与母亲共同居住在南京市栖霞区上城风景小区。虽然住在一楼，但因门口有台阶，十年来郭锐基本未独立出过家门。因为缺少和外界的接触，郭锐一直胆小自卑、郁郁寡欢。

2020年，郭锐向区残联申请了低收入残疾人家庭无障碍改造，在区残联的帮助下，郭锐终于实现了独立出行，整个人的面貌都焕然一新。随后，他参加了区残联举办的职业技能培训班，成了一名5G人工智能大数据标注师。郭锐对这一工作十分满意："数据标注非常适合我，不用出门，在家通过电脑就可以完成工作，我也可以赚钱了。"

2021年栖霞区在全国率先开展了残疾人互联网营销师培训，组建全国首支残疾人直播团队，举办栖霞区首届残疾人职业技能创新大赛，郭锐积极参与、脱颖而出，报名参加全国互联网营销师五级考试，并于9月份通过。

除了郭锐，还有三名残疾人取得了残疾人互联网营销师资格证书，四人共同组建了直播团队，谁是主播，谁是副播，谁负责运营分工明确，从脚本制作、对接供应链、出镜直播等全流程都能够独立完成。

团队中的残疾人主播李宝权认为，"我们这个平台不是单纯地带货，更重要的是传递爱。"在选品上，团队也用足了心思，一方面将中药香囊、手工精油皂、凝胶绿植盆栽等残疾人辅助性就业产品与直播团队进行有效衔接，另一方面也充分考虑到巩固拓展脱贫攻坚成果，将西部扶贫产品贵州刺梨汁、栖霞农业品牌"芳草渡"大米等产品带入直播间。

互联网营销师的工作让郭锐看到了更多实现自我价值的可能，重拾生活信心。"现在我每天过得非常充实，来见我都要'预约'哦！"郭锐说，"除了直播，我还开通了抖音、微信视频号，学习制作小视频，还和其他残疾人朋友分享制作技巧，欢迎大家来我的视频号看看！"

编织灵活就业防护网
权益保障在探索中完善

做了 5 年多骑手，梁磊最大的感受就是"亲眼看着自己的待遇在一点点变好"。平台会主动为他提供实打实的保障物资，像夏天的冰袖、防晒衣、藿香正气水，冬天的挡风被、把套、护膝、脖套，也会积极吸纳骑手们的建议，及时改进平台机制，比如把手动抢单变成自动派单，即使是在看视频、打电话，也不耽误接单。尽管都是小事情，但梁磊感觉心里暖暖的。

厦门为网约车快递外卖小哥开辟疫苗接种专用通道

2021 年，外卖送餐员等新职业群体的社会保障问题受到人们更广泛的关注。在微博，"外卖骑手劳动权益保障"相关话题有 2000 多万人阅读。热议的背后折射出人们对灵活就业人员未来发展的思考。国家统计局数据显示，截至2021年底，中国灵活就业人员已经达到2亿，较2020年增加近3倍。据中国人民大学灵活用工课题组等发布的《中国灵活用工发展报告（2022）》蓝皮书显示，2021年中国有61.14%的企业在使用灵活用工，比2020年增加5.46%。企业的用工理念正逐渐从"人才为企业所有"走向"人才为企业所用"。

在新就业形态蓬勃发展的大好局面下，灵活就业被越来越多的企业和求职者所接受。但一个业态的成长，不能仅靠一个"新"字。"新"字蕴含着无限潜力，也包含着不确定的风险和隐患。如何合理规划引导，建立健全法律规范，填补监管"空白"地带，帮助新业态克服"成长的烦恼"，备受社会关注。

2021年5月12日，国务院常务会议明确要求开展平台灵活就业人员职业伤害保障试点，合理界定平台企业责任。在《关于维护新就业形态劳动者劳动权益保障的指导意见》《"十四五"数字经济发展规划》等一系列政策措施中，政府强调要明确劳动者权益保障责任、健全权益保障制度、优化权益保障服务、完善权益保障工作机制，并强调探索建立新业态企业劳动保障信用评价、守信激励和失信惩戒制度。2021年12月，江西省决定在景德镇市开展职业伤害保障试点，探索解决"景漂"等新业态从业人员职业伤害保障问题；2022年1月，四川省政府新闻办举办新闻发布会表示，将适时组织开展平台灵活就业人员职业伤害保障试点，优先解决平台网约劳动者职业伤害保障问题。

针对数量庞大、从业范围广泛的网约配送员、网约车驾驶员、货车司机等代表群体，国家市场监管总局等七部门联合印发《关于落实网络餐饮平台责任切实维护外卖送餐员权益的指导意见》，对保障外卖送餐员正当权益提出全方位要求。交通运输部会同多个部门联合出台《关于加强交通运输新业态从业人员权益保障工作的意见》，提出包括完善平台和从业人员利益分配机制、支持从业人员参加社会保险、保障从业人员合理劳动报酬等措施。

互联网企业承载着灵活就业的主要岗位，也在劳动保障、工作福利、工作体验等多方面积极探索改进，提升新业态就业质量。美团面向全国的外卖合作商明确提出"严禁诱导和强迫劳动者注册为个体工商户以规避用工责任"的要求，加强平台监管，并陆续在全国5000多个配送站点设置集药品放置、医疗器械、科普宣导、服务指引为一体的"同舟守护1m²"健康服务专区，面向全行业外卖骑手、配送员、环卫工人开放；滴滴向政府主管部门和劳动者权益保障部门寻求指导意见，并成立网约车司机发展委员会，针对滴滴司机收入稳定透明、平台规则公平合理进行探索提升；货拉拉先后在东莞、深圳开展"送健康体检"活动，为司机师傅提供免费体检、疫苗接种和爱心义剪等服务，截至2021年底已经为1500多名司机师傅提供了免费体检；饿了么组成蓝骑士智囊团，在全国各地招募骑手，对涉及骑士工作的产品功能和规则进行测试反馈，聆听骑手们最真实的体验和吐槽，对产品和规则进行优化。

北京五环外的费家村，聚集了大量外卖骑手、快递员，准"00"后武飞雄就是其中一员。刚开始跑外卖时，武飞雄觉得哪哪都不适应，每天走两万多步，全身上火，虽然想去做一次全身体检，但又不想错过送餐午晚高峰。除了武飞雄，还有许多骑手压根儿没有时间关心身体状况。考虑到骑手们的身体健康和现实情况，2021年10月，美团把体检车开进了费家村，面向全行业所有骑手，免费提供涵盖一般检查、血常规18项、糖尿病筛查、肝功能、肾功能、血脂、心电图等在内的全身体检。"希望骑手兄弟们都能有一个健康的身体，去赚更多的钱。"这不仅是武飞雄的愿望，也是所有新业态就业者的愿望。

新就业形态的发展不仅要有与之适应的政策支持和社会保险制度，也需要建设适应新就业形态的多样化、规范化职业标准体系，以及来自多方的为灵活就业人员提供的技能培训，从而在社会营造出尊重技能尊重劳动的社会氛围，引导该群体加大对自身的竞争力投资，帮助他们在工作中获得成就感，实现自我价值。

职业技能标准是为适应我国服务业和生产制造业等产业行业发展要求，

紧贴相关职业岗位技术技能水平发展，对从业人员的理论知识和技能要求提出的综合性水平规定，是开展职业教育培训和人才技能鉴定评价的基本依据。2021年，人社部与有关部门联合颁布或单独陆续颁布了包含老年人能力评估师、互联网营销师、信息安全测试员、人工智能训练师、网约配送员、无人机驾驶员等新职业在内的共计48个国家职业技能标准，新业态从业者从此有了更清晰的职业发展路径。

以网约配送员为例，《网约配送员国家职业技能标准（2021年版）》首次构建了网约配送员的等级划分，将网约配送员设置为初级工、中级工、高级工、技师、高级技师五个等级，明确网约配送员需要具备订单接收与验视、订单配送、安全与质量管理、异常管理、客户服务与开发、管理培训六大技能，随着级别的递进，每个等级的技能权重各有不同。

除此之外，人社部还研究制定了《提升全民数字技能工作方案》，聚焦推进数字技能类人才评价工作。一方面创新开发，引导相关企业参与标准开发，将数字技能内容融入技能标准和评价规范之中；另一方面修订完整，修订职业分类大典，对数字技能类职业进行标注。开发与补足同时进行，让新业态的规范发展动能更充分。

2021年5月25日，首个"美发数字化造型师职业能力标准"在京发布，标准从技术能力、客户服务能力、数字化能力三个维度对相关技能和知识要求进行量化评估，并将美发数字化造型师分为5个级别，让从业者发展路径变得"一目了然"。作为四川崇州知名店铺的星级设计师，妍瑾有着6年的丰富从业经验，在她看来，正在成长的年轻发型师急需通过有品牌背书和专家指导的职业标准认证体系，找到适合自己的提升渠道。

向上有标准，向下有行动。紧跟中央步伐，地方抓紧将新职业培训标准落到实处。重庆市发布了第二批包括工业视觉系统运维员、公司金融顾问、互联网营销师、老年人能力评估师等25个新职业培训考核标准，促进人才向新职业、新技术流动；上海市人社局公布全市职业技能等级认定机构名单，并推出16家社会化职业技能等级评价机构的年度认定计划，不断加快

"第二届全国连锁经营行业职业技能竞赛互联网营销师赛项黑龙江省选拔赛"在哈尔滨职业技术学院进行

社会化职业技能等级认定试点步伐；青岛市批准唯一的社会培训评价组织，展开首次职业技能等级认定，全面启动社会化职业技能等级认定工作。

　　职业技能标准规范的制定是新业态新职业发展的重要一环，职业培训亦然。数字经济向各个行业领域渗透，产生很多新业态，催生很多新职业，市场对于数字技能人才也有迫切需求，单单依靠制定标准无法满足用人单位实际生产中的岗位需求。对此，2022年1月4日人社部等四部门印发《"十四五"职业技能培训规划》，这是我国首次制定的职业技能培训五年规划，计划到2025年组织实施政府补贴性培训达7500万人次以上，新增的职业资格证书或职业技能等级证书的人员要到4000万人次以上，新增公共实训基地200个，全面提升培训的供给能力。《中国新业态与新就业青年调查报告》中显示，"提供更多的职业技能和素质培训"位列新业态青年希望雇佣方为他们做的事情的第3位。饿了么发布《2022蓝骑士发展与保障报告》也显示，在谈到未来规划时，43%的骑手希望一边送外卖，一边寻找留在这座城市的其他工作机会，8%的骑手期待日后"成长为物流服务商总裁"。

为此，很多企业在积极参与，依托"互联网+职业技能培训"新模式，培育技能人才完成数字化转型。美团外卖为骑手推出的"站长培训计划"，已在全国多个城市开展试点，预计全年会有近千名骑手晋升站长等管理岗。云南昆明20岁的小伙张春仅用2年多时间就从一名外卖骑手晋升为副站长，当起办公室"协调员"。阿里巴巴钉钉联合人社部中国就业培训指导中心，持续更新在线学习平台内容及资源，推出的新职业在线学习平台3.0版不仅增加了支持各地培训机构在线开班功能，并提供培训监管数据等支持，面向大众提供平台级数字技能解决方案。

数字化是灵活就业发展的关键路径，也是解决新业态发展痛点的重要举措。让新业态走上"会成长、有灵魂"的道路，让人民群众共享数字经济发展成果，制度保障、标准引导、培训助力，每个环节都必不可少。

> **延伸阅读**
>
> ### 让更多声音参与改变，美团外卖改进骑手服务评价规则
>
> 2022年3月3日，美团外卖发布《2021年度美团骑手权益保障社会责任报告》，围绕劳动保障、算法取中、沟通机制、劳动安全四方面，综合阐述过去一年的骑手权益保障举措。报告中，美团外卖继公开"预估送达时间"和"订单分配"算法后，以"骑手服务评价规则"为主题，第三度公开外卖配送相关的算法规则，宣布正推动合作商试点"服务星级"阶梯化激励机制。具体包含以下内容：
>
> **（一）骑手服务评价规则的逻辑及构成**
>
> 在绍兴、太原、昆明等15个城市试点新的"服务星级"激励机制，对骑手收差评、超时等情况的处理从扣款改为扣分，根据全月累计积分来评定骑手的服务质量，并分级进行不同额度的奖励。

在"服务星级"机制下，骑手每个月的服务星级，将根据个人月累计总积分在本站点的排名确定，服务星级越高，获得的单均额外奖励越多。骑手可以通过安全培训、模范事迹等获得加分。

合作商取消以往自行制定的超时、差评等按单扣款项，改为适当扣分，并不断迭代完善相关规则，一方面改变了合作商以往相对简单的管理方式，让骑手在违规扣分后可通过加分项获得弥补，降低配送压力，另一方面也强化了对骑手的正向激励，引导骑手工作方式从单纯追求单量向追求综合服务质量转变。

（二）为骑手提供更多免责机会

骑手遇到难定责的差评时，如果过往服务质量记录优异，有机会被免责。跑单时间较短的骑手，也能获得一定次数的免扣分机会。同时进一步完善申诉流程。在加强识别非骑手原因造成的差评以外，还将骑手在送餐途中可能遇到的共性问题前置，为骑手提供实时上报申诉的通道，消除非骑手原因造成的差评，减少后续沟通成本。目前已经迭代梳理出了如联系不上用户、天气恶劣、商品超重等30多个异常场景，供骑手在APP中便捷申报、快速免责。

此外，在劳动保障方面，美团外卖正在政府指导下，积极参与职业伤害保障试点的筹备工作，持续完善骑手社会保障；针对骑手的职业发展，推出了站长培养计划、骑手转岗计划、学历提升、发展激励奖等举措，100多位骑手学员获得资助入读国家开放大学，继续进修大专学历；健康关怀方面，"大病关怀金"和"袋鼠宝贝公益计划"两大项目持续推进中，已为千余位骑手及其家属提供援助累计近8000万元。

■ 专家观点

探索可持续的"零工保障"机制

孟泉　杨滨伊

(中国劳动关系学院劳动关系系)

最近,国家统计局相关负责人表示,我国灵活就业人员已达 2 亿人,并覆盖了从传统到新业态等不同领域。这一数字引发了社会的广泛讨论和政府的持续关注。其中,新就业形态劳动者也被纳入了灵活就业群体之中,其权益保障的问题也在持续讨论之中。

一、持续的蓄水池效应:灵活就业的现状与发展趋势

随着互联网技术带动互联网经济的快速发展,平台经济、共享经济等规模迅速壮大,这些商业模式吸纳了大量劳动者进入,并形成一种去雇主化、平台化的就业模式。基于互联网技术带来的算运行效率提升,零工市场很快成为全球增长速度最快的劳动力市场,在美国,从事此类行业的劳动则预计增加两倍,在欧盟,自由职业者是当今增长速度最快的劳工群体。在我国,零工经济更是一跃成为市场增长速度最快的生产组织模式。2020 年国务院政府工作报告指出,我国包括零工在内的灵活就业人员数以亿计,其规模几乎超过了全球任何一个本地零工市场。

我国零工经济的形式以劳动密集型的服务业为主,呈现出职业多样的特点,参与人群大多是学历低、技能低的青年劳动者。一方面,零工经济发挥

了在解决就业方面的重要作用，为我国数量庞大的蓝领工人提供了快速就业并获取收入的机会。李克强总理在 2020 年国务院政府工作报告中肯定了零工经济在稳定就业和扩大就业的重要作用，并指出要促进市场化就业和社会化就业。另一方面，零工经济下的工作岗位因缺乏稳定的劳动关系，出现了劳动保障滞后、政府难以监管等问题。同时，由于我国平台就业以按需服务的工作为主，具有数量庞大、全职者多、经济依赖型从业者多的特点，这进一步导致劳动者的劳动权益处于危险地带，现有劳动法难以实现有效保障。

针对这些问题，在法学方面，一些学者倡导在劳动法调整的从属劳动之外探索建立多层次的法律网络，提出在共享经济时代应该改进劳动关系的判定方法，而不是简单沿用传统的做法。在劳动保障方面，一些学者提倡从劳动报酬支付、休息休假制度等基本劳动权益方面进行保护，倡议平台履行雇主责任。总的来说，我国零工经济的发展从最初的无序扩张到如今的渐进式发展，经历了一个不断试错的过程，国家相关介入政策的陆续出台也促进我国零工经济的合规化进程。例如，通过法律规制的方式优化平台管理体系，包括算法体系、管理体系和用工体系。

总的来说，零工经济作为我国目前吸收就业人口的重要渠道之一，发挥了至关重要的蓄水池作用，同时，受到政府政策压力、社会舆论压力等，平台管理朝精细化管理发展的方向愈发明确与清晰。

二、"平衡"才能"持续"：趋向零工保障的长效机制

2021 年以来，我国多部委联合出台了多项有关新就业形态劳动者的政策，基本完成了新就业形态劳动者权益保护的政策框架。新政进一步促进了平台企业在建立与劳动者沟通渠道、强化对劳动者关爱福利，以及推动对劳动者职业生涯发展等方面逐步改善。在政策引导和平台改善的发展方向逐步一致的条件下，地方政府如何进一步通过建立平台经济治理体系来形成可持续的"零工保障"机制，成为接下来需要探讨的重点问题。

首先，地方政府需要厘清可持续"零工保障"的理念可以参照劳动关系的效率、公平和发言权三要素构成的平衡模型。针对平台经济的治理，则可调整为平台有序发展、劳动者权益维护和兼顾劳动者多样化的诉求之间实现平衡。在这三个要素中各存在一个"小平衡"逻辑，平台有序发展意味着要兼顾业务发展和人性化管理；劳动者权益维护要兼顾劳动者自由选择职业的权益和底线保障的权益；劳动者多样化诉求则要兼顾劳动者当下获得稳定收入的诉求与长期的社会保险需求。

在这样的一种平衡观的指导之下，结合国家制定的现有政策，地方政府切忌在推进治理中陷入政策文本主义的僵化思维之中，应根据本地区的具体状况建立制度结合实际的指导思想。因此，地方政府在治理中就更要明确，新就业形态的治理不能仅依靠单一的指导性政策来解决所有的问题。

首先，地方政府需要了解更加多样化的劳动者诉求状况，摸清劳动者底数，可以坚持渐进式推进、分类化治理的方式。

在制度落实过程中，地方政府要了解哪些类型的劳动者权益保障的需求度最高，结合平台企业在就业质量提升和人性化管理方面的成果，形成综合性、多支柱的保障机制。例如，新就业形态劳动者选择工作的原因除了自给自足之外，还包含了备婚、结婚、教育、还债、脱贫、融入当地社会等各种动机。又如，一些文化程度较高或社会经验较为丰富的劳动者都会选择向平台或其合作商管理职位的方向发展，获得更好的职业生涯发展。他们保持在一个平台上相对长期工作的状态使他们逐步在这个行业中提升了融入感。再有，很多劳动者在平台内外频繁流动，多个平台之间流动，抑或一个平台的多种模式下流动，这种流动性也会造成他们诉求的不一致性。可持续的"零工保障"应提政府维权和服务的精准度，通过多主体参与，让不同类型的劳动者获得其最需要的劳动保障。

其次，地方政府应继续督促平台企业在就业质量提升方面作出的改善，探索地方政策落实过程中平台企业、劳动者既可以共同参与，双方又可以接受的空间。充分发挥平台企业可以自身改善的潜力，掌握更多可以融入治理体系的资源，联合头部企业共同探索制度"落地"的策略和方法。

例如，我国即将出台的针对新就业形态劳动者职业伤害问题的制度，并开始布局试点地区逐步推进制度"落地"的同时产出可复制和可借鉴的经验。以职业伤害制度作为给新就业形态劳动者兜底保障的规则，既符合劳动者的实际需求，也补齐了平台企业只能从改善技术和管理两个方面实现优化的短板。地方政府应选择增强与头部企业沟通的深度，探索如何对接平台的算法和管理，使这一制度的落实更加顺畅。又如，我国多地区工会在推进五一劳动奖章和劳动模范的评选工作中，已经开始将新就业形态劳动者纳入评优评先的范畴。这极大地提升了新就业形态劳动者的社会地位和社会声望，也改变了他们的社会形象。在这个过程中，找到了工会可以动员平台企业参与和逐步理解工会工作的有利契机。政府由此在治理的大框架下，逐步促进平台与劳动者对于治理机制的认同和参与。

最后，地方政府对于平台的治理绝非针对某一个行业的改造，建立体系化的思维方式，对涉及的行业差异、劳动者差异、平台差异等因素都需要通盘考虑，强化可以覆盖不同类型平台企业的法律制度和保障机制，设计有步骤的推进治理体制机制。

根据我国构建和谐劳动关系创新机制产出的传统经验，推动综合试验区的方式更加有利于地方政府因地制宜地在就业、保障和可持续健康发展之间构建地方治理体系，进而提升地方政府治理能力。例如，市一级地方政府可以考虑在本地选取新就业形态劳动者比较集中，政府已经建立了一些治理基础的区域作为试验区，坚持党委领导、多方参与的原则，从为劳动者和平台及其相关机构提供政策解读、便利生活、扶危救困、争议预防与调解等方面的公共服务来逐步建立可持续的"零工保障"机制。

三、平台向善：构建平台与劳动者的社会合作伙伴关系

2021年以来，随着党和政府对平台经济发展的重视程度不断提升，促

使平台企业重新审视与劳动者之间的关系，继续完善更加人性化的管理体系，不断拓展企业社会责任的范围。平台自身的发展也逐步从"效率优先、兼顾公平"向构建与劳动者之间的"社会合作伙伴关系"转变。

这种转变体现在四个方面，正在凸显平台可持续发展的进步之处。

其一，更加精准的劳动者福利计划。平台企业对于劳动者权益保障的关注已经不仅限于解决事后风险的商业保险计划，而是从不同类型的劳动者入手，将"扶危救困"的工作覆盖到更多在生活、家庭、健康有障碍和问题的群体。例如在针对存在大病问题的劳动者及其家人的扶助上，网约配送平台和网约车平台都提供了每个家庭高达数万元的救助资金，体现了平台的"善念"。

其二，共同富裕视角下的"劳动者成长"计划。授之于鱼不如授之于渔。平台企业不仅持续优化线上培训平台的作用，而且开始尝试将线下"师带徒"的方式让零工劳动者更快适应工作节奏，熟悉工作场景。从中长期为劳动者搭建职业上升的通道，为愿意留在平台工作的劳动者逐步成长为管理者。此外，对于学历提升等个人素质教育方面也开始建立相关平台，给予劳动者人力资本再积累的渠道。这说明平台在管理上也在追求"善治"。

其三，不断深入的劳动者沟通计划。平台企业开始完善与劳动者直接沟通的机制，并努力通过与劳动者沟通的过程中增进彼此的理解。与过往类似意见箱式的被动接受意见的方式不同，平台与劳动者的直接沟通覆盖了业务模式、算法设计和管理模式的改善。平台企业认为，可持续发展的基本规律是所有利益相关者的声音都能被听到和吸纳，平台通过评估不同利益相关者的诉求之后，从业务发展和人的发展角度找到彼此妥协和共赢的空间。同时，沟通也是让劳动者理解平台发展、破除误识的关键渠道。沟通机制也是平台"善解"人意的集中表现。

其四，拓展创新领域的发展计划。平台企业近年来不断探索与其传统服务领域相关的业务拓展领域，覆盖了部分新的行业，甚至延伸到农业的领域。例如配送行业以"餐饮"为核心的业务范畴已经开始拓展到与生活消费领域相关的更多新兴模式，剧本杀、特色酒馆等青年人追捧的休闲服务都成为配送行业不断结合的对象。又如，农业产品、农村电商也逐步在配送行业通过整合产业链的推动之下，开发将农业产品直接与生产加工、仓储、销售、消费品生成与配送一站式服务的模式。这些创新性的拓展在一定程度上都会创造潜在的就业机会，并推动产业转型升级。本质上，这种模式是兼顾发展经济和促进就业的"善行"。

毋庸置疑，平台经济的发展为缓解劳动力市场压力和促进劳动力市场发展等方面持续发挥其应有之作用。同时，制度规范时代的到来也为平台经济重新审视自我可持续发展的道路提出了新的命题。在制度规范逐步"落地"的过程中，随着地方政府对平台经济发展的逻辑和零工劳动者多样化需求不断深入的理解，以"平衡逻辑"作为平台经济治理的指导方针将成为理性之选。

无论如何，平台治理工作的重心都是秉承党中央提出的"以人民为中心"的大政方针。"以人民为中心"的理念本质上是"以劳动者可持续的就业质量提升和权益维护之平衡为中心"。实现对灵活用工治理可持续的保障体系，急需不断探索精准解决新就业形态劳动者的就业需求和权益需求的法律制度，努力营造平台和劳动者合作伙伴关系的动态氛围，不断探索灵活与安全平衡点的可持续路径！

年度热词

"高、新"岗位：基于企业用户职位发布大数据，根据岗位需求特点、紧缺程度、招聘数量以及岗位新兴程度，进行综合评判后所选出，在一定程度上能够反映各行业高端及新职业的薪酬水平。

去雇主化：指劳动者不再是为单一雇主提供服务，而是根据平台提供的信息，自主选择服务对象。

"两栖"青年：指同时兼顾两种不同职业的人。

碳排放管理员：指从事企事业单位二氧化碳等温室气体排放监测、统计核算、核查、交易和咨询等工作的人员。

酒体设计师：指以消费市场为导向，应用感官鉴评技能与营养科学知识对原酒和调味酒的组合特性进行分析与综合评判，提出最优酒体配比方案并生产特定风格酒类产品的人员。

捏脸师：虚拟头像创作者，也被称为捏头师，是在社交类应用平台孕育出的一种新型职业。捏脸师的原创作品，一般在虚拟商城中上架，从而实现变现。

人工智能训练师：通过对大量文本、图片、语音、视频等数据进行归类、整理、纠错和批注等，让机器人因为大量数据的训练而变得越来越精准。

慢就业：一些大学生毕业后既不打算马上就业也不打算继续深造，而是暂时选择游学、支教、在家陪父母或者创业考察，慢慢考虑人生道路的现象。

社会篇

有力度　有温度
社会治理加快智能化步伐

社会治理是国家治理的重要方面，社会治理水平事关群众切身利益，事关社会和谐稳定。只有不断强化社会治理，让治理成效惠及广大群众，才能更好提升群众的幸福感、安全感。"十四五"规划和2035年远景目标纲要提出"以数字化助推城乡发展和治理模式创新"，为我们在新时代新阶段推动社会治理创新指明了方向。

数字技术的深入发展，推动了信息和数据资源的共享利用，打破了信息壁垒，增进了交流互动，极大地提高了社会治理的社会化、专业化、智能化水平。在新冠肺炎疫情防控中，大数据应用帮助基层社区构筑起群防群治的严密防线；在宜居城市的建设中，5G、AI为人们的衣食住行打开了方便之门；在努力奔向"双碳"目标的进程中，数字技术助力诸多行业有效减少碳排放……科技这一社会发展的引擎，已然成为提高社会治理效能的推动力。

"社会治理是一门科学"，数字社会治理是这门科学上的时代亮点。在时代的大潮下，在一年又一年的进步中，具有社会主义特色的"中国之治"成色更足，人民获得感、幸福感、安全感更加充实、更有保障、更可持续。

疫情防控两手抓，
科技助力社会治理有的放矢

2021年以来，新冠疫情呈多点散发之势，局部聚集性疫情接连不断，这让城市"防"与"控"都变得异常困难。在这场旷日持久的抗疫中，科技正在成为保障社会运行，降低抗疫成本的重要手段。

在上饶市体育中心的"猎鹰号"硬气膜实验室，30多名技术人员正在对当地核酸样本及时进行检测。作为江西省首个五舱合一的"猎鹰号"硬气膜实验室，这里从搭建到投入使用仅耗时20个小时。实验室采用的是国内最先进的检测设备之一，日检测最高产能可达8万管，按10混1采样方式，每天最多可检测80万人份，可承接上饶市各疫情防控重点区县的核酸样本，据相关负责人介绍，通过搭载5G专网实时将核酸检测报告传输至江西健康码，市民可在第一时间查询核酸检测报告。

除"猎鹰号"实验室、车载检测方舱等先进设备齐上阵，大数据、云计算、无人机、3D等新技术也各显身手，成为上饶疫情防控中的新生力量。比如在病毒溯源方面，一名确诊患者在从上海返回上饶的火车上被及时"截下"，就近在杭州下车，闭环转运至定点医院接受隔离医学观察。在流调工作，上饶还特别抽调了地质测绘队技术人员，通过3D技术，以最快速度画出确诊患者和无症状感染者的居住地、活动轨迹，视觉效果一目了然，流调工作实现提质提速。

在积累了两年战"疫"经验后，科技开始加速渗透至抗疫全流程，从中央到地方，从核酸检测到医疗救治，科技的身影变得无处不在。

西安疫情期间，一名市民被确诊为急性下壁心肌梗死，大兴医院5G智

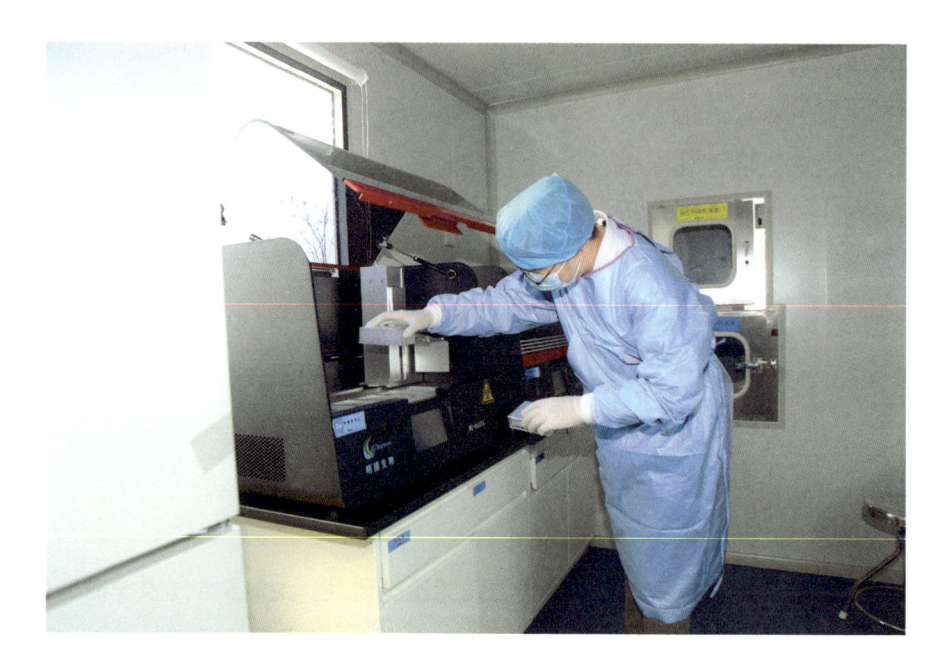

医务人员在移动核酸检测车内开展核酸检测工作

能急救中心指挥部立刻启动救治绿色通道，由 5G 救护车运送患者去主院区手术，急救车上 5G 实时直播专家会诊及急救数据画面，为患者最大限度争取了宝贵的黄金抢救时间。在深圳暴发本土疫情期间，罗湖医院集团采用顺丰无人机来运送莲塘各采样点的核酸检测标本；美团无人机也在南山区南头街道封闭管理小区建立起物资运送的"空中通道"；其自动配送车也进驻深圳龙华区，为两个社区数千名居民提供生活和医疗物资运输保障。从空中到路上，不难看出，科技成为战"疫"后勤保障的重要力量。

与此同时，一些新的智能防控手段也走进了寻常百姓家中，比如今年以来，一些社区管理者开始为居家隔离的市民安上了智能门磁设备，这种设备可以 24 小时监控隔离人员动态，一旦隔离人员开门，"门磁"就会立刻知晓，相关数据实时上传至疫情防控隔离中心平台并立刻引起警报，实现精准管理，成为社区疫情防控的"好帮手"。

疫苗接种也被认为是结束疫情大流行的最有效手段。我国于 2021 年 3 月 24 日启动新冠疫苗接种数据的日报制度，至 2022 年 1 月底，已累计接种超过 30 亿剂次，为全国人民筑起了一层厚重的防疫屏障。像疫苗接种这种既要保证效率也要体恤民生的工作，如今也有了科技的加持，比如天津红桥区就使用了疫苗接种管理平台，该平台基于红桥区居民人口数据，以及红桥区疾控中心接打疫苗人员信息等的实时分析，不仅能够支持更为准确的数据查询、分析、统计，还能对已接种及未接种人群进行摸排跟踪，方便预约查询等工作开展。浙江则全面采用了疫苗全链条追溯监管系统"浙苗链"，该系统可以完成全省流通疫苗全程追溯、重要事项监管、冷链监控预警、问题疫苗召回、疫苗追溯监管的数字化。这些举措都能帮助实现疫苗接种"最后一公里"可追溯、问题疫苗秒冻结、精准取苗零差错。

此外，AI 智能呼叫系统，防疫巡逻机器人、防疫消杀机器人、地面清洁消毒机器人等一系列智能产品和解决方案在抗疫一线也发挥了特殊作用。比如，西安一些社区搭建的"精准通知防疫助手"通知平台将原来大喇叭喊话、微信群通知转变成通过 AI 技术语音分楼层分单元远程通知；上海黄浦公安调用的防疫巡逻机器人，可以在街区自动巡逻的过程中进行语音播报，这些智能设备的出现大大降低了人员聚集，有效降低病毒交叉传播风险，提高了防疫工作效率。

无处不在的抗疫"黑科技"的背后是各地对科技抗疫政策的加速落实。伴随着数字化、智能化对城市治理的不断深入，在疫情初期，上海、深圳、四川、贵州等各地就陆续推出"科技抗疫"政策，让抗疫效率跑出加速度。到了 2021 年，为了强化科技手段在常态化疫情防控中的支撑作用，一些地区进一步深化政策，比如深圳市科技创新委员会在 8 月份启动实施了科技抗疫专项，计划对有研发实力的高等院校、科研机构、医疗卫生机构及科技型企业增加支持力度，这也刺激了有关组织对防疫技术的研发和应用的投入热情。

目前，包括深圳康泰生物、腾盛博药、深圳迈瑞医疗、华大基因等当地生物医药企业已经在疫苗、药物研发和医疗设备方面取得进展。其中深圳市第三人民医院与清华大学、腾盛博药就联合研制的新冠病毒中和抗体联合治疗药物安巴韦单抗注射液及罗米司韦单抗注射液，是中国首个具有自主知识产权的新冠治疗特效药，该药使临床高风险的新冠患者住院和死亡风险降低80%。

然而，疫情仍未消散，中国抗疫仍然任重道远，在2022年3月17日的中共中央政治局常务委员会上，习近平总书记为攻坚阶段的战"疫"给出了明确方向，强调了科技抗疫的重要性。总书记指出，要始终坚持人民至上、生命至上，坚持科学精准、动态清零，尽快遏制疫情扩散蔓延势头。要提高科学精准防控水平，不断优化疫情防控举措，加强疫苗、快速检测试剂和药物研发等科技攻关，使防控工作更有针对性。要保持战略定力，坚持稳中求进，统筹好疫情防控和经济社会发展，采取更加有效措施，努力用最小的代价实现最大的防控效果，最大限度减少疫情对经济社会发展的影响。

从健康码到智能核酸检测，从5G救治病人到无人机援助物资，我们看到，在两年的抗疫路程中，我们也收获了用科技解决城市发展难题的宝贵经验，疫情终将过去，而如何将这份宝贵的经验更好地用到城市常态化治理中，让城市在这场疫情的浴火中真正实现数字化蝶变，应该是每一位城市建设者与参与者要深入思考的问题。

> **延伸阅读**
>
> ### 硬核科技志愿者登场，美团自动配送车助力南京抗疫
>
> 2021年7月，南京暴发小规模疫情，市民日常出行采买受到了较大的影响。自动配送车在这场抗疫中大显身手。
>
> 在禄口翠屏城小区，两辆美团自动配送车正在将社区准备好的水果蔬菜送到指定的单元门前。自动配送车每次配送米、面、油、水果、蔬菜等约20件生活物资，可解决10户居民一天的生活用品，每辆车最多一天能配送约380单。
>
> 据了解，这两台自动配送车是在疫情造成的交通运输受阻情况

下，由南京市商务局、南京市发改委联合美团以最短的时间内快速配置而成的。多方经路线规划和技术调试完成后，立刻投入了使用，为重点防控区域提供物资运输保障。

除了运送货物全自动、无接触外，这两位"快递员"的续航能力也很强，充满一次电可不间断工作12个小时，行驶120公里，整车载重量约300斤，瓶装饮用水可以装到20箱左右。自动配送车的最高行驶速度为40迈，但针对居民小区这一场景，工作人员将时速调整为15迈，在保证两个小时30单配送量的同时，也能将货物平稳送达。

"它也会实时避让一些障碍物。如果突然有行人或者是窜出小猫、小狗，车辆会立即采取急刹车。希望自动配送车能在关键时刻服务到最需要的人群，为南京抗疫尽一份力。"现场工作人员表示。

兼具宜居与智慧，城市数字化更加"接地气儿"

2022年2月4日晚8点，奥运圣火在北京国家体育场"鸟巢"点燃，北京再次进入"奥运时间"，也成为全球首座"双奥之城"。相较于14年前夏季奥运会对中国科技创新成果的集中展示，2022年的北京冬奥会则真正告诉人们科技是如何惠及城市运行、产业发展和百姓生活的。"百米级、分钟级"气象预报、世界跨度最大单层双向正交马鞍形索网屋面的速滑馆、100%人造雪、所有场馆5G信号覆盖、8K比赛画面实时传输……一系列技术创新应用既是一场世界级的科技秀，更是一座未来科技之城的华丽亮相。

当5G、云计算、大数据、人工智能从理论走向实践，智能时代的城市建设已经有了坚实的技术支撑，而科技冬奥的目标，正是通过冬奥筹办，为世界探寻更好的未来城市生活解决方案。在冬奥筹办之初，科技部联合北京市政府、国家体育总局等研究制定了《科技冬奥（2022）行动计划》，围绕"零排供能、绿色出行、5G共享、智慧观赛、运动科技、清洁环境、安全办赛、国际合作"等8个方面开展工作，通过系统布局科技冬奥重点任务，助力冬奥筹办各项工作。习近平总书记也对冬奥会的科技含量十分关心，在2019年2月他第三次考察冬奥筹办情况时明确指出，要突出科技、智慧、绿色、节俭特色，注重运用先进科技手段，严格落实节能环保要求，保护生态环境和文物古迹，展示中国风格。

北京在给全世界交出了一份科技含量十足的奥运答卷的同时，也为智慧城市的建设留下了一笔宝贵的经验。

北京冬奥组委面向全社会发布《北京2022年冬奥会和冬残奥会遗产报

告集（2022）》显示，自冬奥会筹办以来，围绕场馆、运行、指挥、安保、医疗、气象、交通、转播等关键场景，已有37个项目的112项新技术成果在测试赛中落地应用，这些应用未来将出现在经济社会发展及城市运行各个领域。比如，北京为冬奥会自主研发的超微型可信芯片结合了区块链技术，具有不可篡改和可追溯的特性，在奥运会结束后这个系统被用来带动北京市冷链食品追溯平台的建设，实现食品全流程、全方位防伪溯源；能够高速调动的抵离信息系统则被用于民航系统重大航空运输任务保障工作；冬奥期间使用的燃料电池商用车技术、绿电技术、二氧化碳制冰技术、智慧交通技术也有望推动全市低碳绿色产业的发展。

同时，有关部门还计划把国家体育场数字模型化，可动态采集设备的运行情况、环境变化、人流聚集疏散情况，并让数字建筑与未来城市交通系统更好地融通，包括地铁和公交排班、周边道路疏导等，改变之前那种大活动交通瘫痪，或者很大范围交通管制的情况。此外，奥组委也对"冬奥APP"进行了整合，这款APP有望成为北京面向城市访客的窗口，能够满足一个

北京，石景山区新首钢地铁站，智能雾化杀毒机器人上岗

外国人来到北京的大部分需求，而在冬奥会期间大放异彩的"机器人餐厅"也已经加速普及更多场所。

北京冬奥会的顺利举办让人们看到，过往看似"高大上"的硬科技正在以"可看可感"的形式渗透生活，不仅可以作为国际大型活动的底层支撑，更是城市现代化治理的澎湃动力，而这种更落地的数字化升级也正是城市更新行动的重要方向。2021年，我国多地在"十四五"规划中指出，要加快智慧城市、新基建等规模部署，其中"精细化""资源下沉"成为部署的关键。上海等特大城市更是将高效治理作为重中之重，上海市发布《推进治理数字化转型实现高效能治理行动方案》就指出，要持续深入推进政务服务"一网通办"、城市运行"一网统管"，到2023年，上海全面推进治理数字化转型取得显著成效。一系列目标举措的背后则是地方政府对"让数据多跑路，让群众少跑腿"的深层思考。

追求高效的另一层体现则是各地对"小屏办大事"的不断进步。一方面，手机小程序、APP已经成为城市政务服务的主要窗口，比如广东省针对群众、企业和公务员群体的不同办事需求，建设了"粤省事""粤商通"和"粤政易"三移动平台，已经基本实现高频服务事项"指尖办理"，其中"粤省事"平台已集成87种个人电子证照，上线1600多项高频服务，88%事项实现"零跑动"，而像"冬奥APP""武汉战疫"这样的诞生在关键节点的线上平台已被广泛用于后续的民生政务办理当中。

"以前需要两地跑，现在只要点点手机，花费几十秒，太方便了！"通过"爱山东·日照通"APP为家人秒办了异地就医备案后，日照市民程先生连声赞叹，"只需要在手机上填写电话、住址、实际住院时间、就医地区等信息后提交，不用提供任何纸质材料就办完，太方便了！"据日照市医疗保险事业中心主任负责人介绍，目前"爱山东·日照通"APP推出"就医服务全照办"服务，市民如需要办理医院预约挂号、异地就医备案、门诊慢特病待遇认定等40项就医事项，可以直接通过APP申请，办理结果当场反馈。

另一方面，在城市监管智慧大屏上的建设上，摒弃过往的"炫酷华丽"，"实用"成为越来越多管理者考量的重点。比如京东为江苏南通市打造的"智能城市操作系统"就对市域治理中危化品全流程监管进行了细化管理，能够分析危险车辆在未来 15 分钟内的可达区域，并向交警部门推荐拦截执法地点，实现精准执法，提升执法效率。在上海市城市运行管理中心指导下，上海数字治理研究院与美团联合推出的国内首个政务领域的数字生活服务平台——"城市美好生活数字体征"，通过在一块"监管小屏"上，汇聚了与市民息息相关的吃住行游购娱场景数据，通过供需关系模型，构建城市消费供需实时动态的监测系统。如今上海的城市管理者已经习惯于"问计于数"，通过美团城市体征系统的"咖啡指数、奶茶指数、游客指数、公园指数"等，让其更清晰地感知当前城市各个区域内的小店旺不旺、景区人多不多、公园评价好不好等城市这个有机体的运行特征，继而助力提高城市的数字化治理水平。

"位于滨河北街的某个垃圾桶出现爆桶现象，请立即处理。"

成都龙泉驿智慧治理中心的工作人员通过大厅内的显示屏上看到，滨河北街的一处垃圾桶图标变成由绿色变成红色，点击后发现垃圾桶出现爆桶现象，立即将指令发送到负责这条道路清洁的环卫工人佩戴的手环上，环卫工人接到指令后，迅速清空垃圾并运走。基于当地智慧城管平台，管理者可以实时发现辖区内环境卫生出现的问题。据介绍，为提升城市管理水平，提升市容市貌，目前对龙泉驿区 38 座公厕、900 余辆环卫车辆、1600 多个垃圾桶、40 座桥梁等进行智慧化升级改造，实现从人防到技防的转变，从简单化管理向精细化管理转变。

在城市治理效率不断提高的同时，如何进一步提升市民的幸福指数也需要城市管理者作出更多思考，而城市便民生活圈的发展程度成为城市幸福指数的直观体现。《从数字生活到数字社会——美团年度观察 2020》一书提到，在 2019 年，包括长沙等地已在积极建设"15 分钟生活圈"，市民在 15 分钟内几乎可以完成购物、上学、就医、休闲等生活需求。2021 年，我国加速了便民生活圈的建设步伐，5月《商务部等12部门关于推进城市一刻钟便民生活圈建设的意见》（以下简称《意见》）出台。7月，商务部办公厅等11部门印发《城市一刻钟便民生活圈建设指南》，提出"到2025年，通过打造'百城千圈'，建设一批布局合理、业态齐全、功能完善、智慧便捷、规范有序、服务优质、商居和谐的城市便民生活圈，便利化、标准化、智慧化、品质化水平全面提升"的目标。10月，商务部发文确定了全国首批30家一刻钟便民生活圈试点地区名单，旨在以点带面、更好发挥试点的辐射带动效应，让便民生活圈政策在更大范围内惠及广大居民。

城市便民生活圈建设正在更加注重创新服务能力的提升。其中《意见》就明确从增强服务便利、拓展智能体验，优化信息服务等层面给出明确创新方向，从社区到企业也都作出了积极探索。

在服务便利方面，商务部强调应增强服务便利，鼓励"一店多能"，通过跨界经营提供代收代发、租赁等便民服务。在北京崇外街道西花市南里社区物业便民服务中心，居民可以享受到免费理发、免费打印、应急充电、便民饮水等服务；成都锦江区三圣街道喜树路社区根据各自不同的属性需求，在相应的主题街道中植入共享雨伞、共享有机口袋等多个消费场景。河南许昌主城区已实现社区生鲜便利店全覆盖，居民走出家门不超过一刻钟就能买到新鲜的蔬果和各类日用品。

《意见》还指出，建设一刻钟便民生活圈要鼓励应用5G、大数据、人工智能、物联网等技术，发展无接触交易、智能结算、网订店取（送）、直播带货、自助售卖等创新模式，拓展便民生活圈应用场景。新技术和新业态的融入也为社区居民的日常生活带来了智能化的体验，四川省成都市青羊区清源社区就牵头实施了"惠民菜篮子项目"，利用APP搭建起居民与农场的直通平台，通过线上预约、农场配置、线下送货的方式，为居民提供低于市场价的优质粮油、蔬菜、水产、家禽肉类等一手生鲜产品，在便民利民的同时，也促进了消费升级。此外，清源社区还通过构建城市便民生活圈智慧服务平台（小程序或APP），整合本地商户资源，提供周边商品和服务搜索、

市民戈女士在北京东城区大雅宝社区菜市场购买蔬菜

信息查询、地理导航及线上发券、线下兑换等免费服务，这些都是具体的"扶微"举措。

政府主导下，企业也在积极参与，在一刻钟便民生活服务圈的建设上，科技企业发挥数字效能，拉近社区中管理者、居民和服务的距离，比如京东集团的京喜便利店主动贡献空间，社区消费者提供即买即得、预售自提、送货到家、生活服务等消费体验；叮咚买菜、美团优选等电商服务的渗透也实现了市民APP预定，下班时候与食材"同时到家"，不仅缩短了市民买菜的时间，无接触购物的方式也减少了疫情期间交叉传播的风险。

此外，企业在大数据、云计算等服务在社区供需洞察上也更加有的放矢，比如美团为北京市打造的国内首个北京生活服务业网点动态地图，就是借助其在生活服务领域的数据积累和实践经验，对全市在线基本便民商业网点和6000多个社区（村）进行动态监测，有助于更好地按照居民诉求进行规划补建，进一步提升居民的生活便利度。

从"双奥之城"的数字遗产，到便民生活的数字创新，我国的城市治理科技含量不断提升，但数字化本身并不是最终目标，人民群众的获得感、幸福感和安全感才是政府工作的依归。我们看到，2021年一系列落入实处的应用正在让数字化改革真正落脚到每个个体的福祉，让人民群众充分享受到数字化改革红利。粤省事、城市美好生活数字体征等让市民可感知，让管理者可用之，也让城市治理精细化、高效化、智慧化更加有的放矢。

> **延伸阅读**
>
> **上班族不再为早餐发愁，大望路社区用动态地图破解城市潮汐难题**
>
> 北京朝阳区大望路社区汇集着众多企业，每个早晨，大量上班族从四处涌向这里，如何吃早餐成为他们每天必须面对的问题，过去，这里的早餐供给却非常少，难以满足上班族的巨大需求，长长的排队人群一定程度上影响到了上班族吃早饭。但因为需要花费大量时间和精力去做调研，相关部门并不能完全掌握早餐供需变化。
>
> 在2021年9月，商务局与美团联合推出了北京生活服务业网点动态地图，随后，大望路社区引入这一应用，让问题得以改善，通过社区人群流动数据的不断变化，社区管理者能够更加直观地发现社区的"潮汐现象"，并有针对性地作出调整。通过投放智能移动便民早餐车等方式，在不增加网点数量的基础上，满足了上班族的早餐需求，实现了对社区生活服务业的进一步精准补建。
>
> 此外，借助这一动态地图，社区居民还能够准确地了解到包括基本便民服务业在内的各类生活服务业的信息，通过搜索、导航等方式到店消费，极大提高了出行效率。
>
> 据了解，目前北京生活服务业网点动态地图汇集蔬菜零售、便利店（社区超市）、早餐、洗染、美容美发、家政服务、末端配送（快递）和便民维修等8类基本便民商业网点8万个左右，可以系统掌握全市基本便民商业网点建设底数，通过供给和消费指数动态

反映生活服务业网点营业率和市民消费变化情况。该地图还将成为北京市生活性服务业推进建设的研究载体，在国内和行业首次创造性地将全市 6000 多个社区和村作为分析对象，通过单位面积生活服务业供给情况和人均消费频次反映每个社区和村生活服务的便利度。

▶ 在摸索中前行 "数字碳中和"起步

"调试煤粉粒度,外排煤粉,系统程序预调试……"在山西华阳新材料科技集团有限公司的化工新材料中控室内,20多名工程师、技术人员和几名美国专家正按照 R-GAS 气化炉试车任务进度表,做点火投煤前最后的准备工作。

R-GAS 气化技术是一种紧凑型粉煤加压气化技术,能从根本上解决高灰熔点煤炭直接气化的难题,对高灰劣质煤的清洁高效利用、提升资源利用效率具有重要意义。据化工新材料合成氨分公司副经理兼 R-GAS 车间主任白璟介绍,"这台 R-GAS 气化炉气流床机理和目前国内其他煤化工的完全不一样,具有自主创新性,技术达成后,将有望实现气化装置连续运行。"

环保提标改造倒逼了能源企业淘汰落后装备、革新传统工艺技术。作为全国能源重化工基地,山西也在为绿色低碳发展铺路,2021 年,全省大力实施对标改造行动,用不到 1 个月时间确定钢铁、有色等 9 个传统优势产业的"生存线""发展线"标准,推动传统优势产业超低排放和节能改造。积极推进落实能耗"双控"目标,研究制定五大传统行业能耗"双控"专项计划,明确了节能技术清单、任务清单,推动 18 户企业实施 31 个节能改造项目,关停炭化室高度 4.3 米焦炉 1044 万吨,探索出一条提升产业发展能级、推动产业绿色化转型的新路径。

从企业技术升级,到地方政府努力推进,在被称为碳中和行动"元年"的 2021 年,我国低碳转型迈出坚实步伐。

实现碳达峰、碳中和是一场广泛而深刻的经济社会系统性变革,全党重视程度前所未有。习近平总书记在 2021 年 3 月中央财经委员会第九次会议上强调指出,"要以经济社会发展全面绿色转型为引领,以能源绿色低碳发展为关键,加快形成节约资源和保护环境的产业结构、生产方式、生活方式、空间格局,坚定不移走生态优先、绿色低碳的高质量发展道路。"党中央也先后出台了《中共中央 国务院关于完整准确全面贯彻新发展理念做好碳达峰碳中和工作的意见》和《2030 年前碳达峰行动方案》,为实现双碳目标提供了顶层设计和整体部署。

双碳目标的根基是必须要有一个以清洁、低碳能源为主体的能源系统,需要城市管理者科学而谨慎地对现有能源结构进行调整。这对于依赖传统能源产业的城市而言,是巨大的挑战,但同时也是现代化治理能力的体现。面对这场变革,各个城市因地制宜,为如期实现宏伟目标努力前行,并在直面挑战中发现机遇。比如曾经的重工业之城武汉早在 2017 年就印发《碳排放达峰行动计划(2017—2022 年)》,要求全面禁止新建钢铁、水泥、平板玻璃、焦化、有色金属等行业高污染项目,并提出加快发展高新技术产业,到 2022 年,信息技术、生命健康、智能制造产业产值分别达到 8000 亿元、4000 亿元、4000 亿元。

成都市则把握住能源"受端"城市特征,以能源结构优化促进发展动能转换、治理方式转变,支撑城市经济社会发展全面绿色转型,同时布局碳中和产业生态圈,加快打造低碳能源、低碳建筑、低碳交通、低碳生活等多元应用场景。经初步估算,2020 年成都市低碳产业产值达 622 亿元,已成为西部绿色低碳产业重要承载地,为超大城市低碳发展探索出一条特色路径。

在能源结构调整中,不少受到传统能源企业在变革中腾挪调整,一方面对生产加工进行绿色化处理,比如山西祥源新型煤化工有限公司投资 3000 多万元建设了焦炉炉体全封闭大棚,将炼焦后产生的烟气余热全回收,让烟囱不再冒白烟。另一方面,这些企业也积极布局低碳产业,像是电投能源、中煤能源、陕西煤业这些老牌企业都开始在光伏、风电等新能源领域加大投入,且业务营收占比不断增加。

我国低碳发展之路任重而道远，而科技创新则是实现碳中和目标的关键。中央财经委员会第九次会议强调要坚持政府和市场两手发力，强化科技和制度创新，深化能源和相关领域改革，形成有效的激励约束机制。我国正在抓紧研究形成《碳达峰碳中和科技创新行动方案》，来统筹推进科技创新支撑引领碳达峰碳中和工作。浙江省已推出国内首个省级碳达峰碳中和行动方案，宁波、嘉善等市县也针对性出台相关方案，聚焦关键核心技术攻关及科技场景应用转化等核心目标。

在科技攻关中，数字技术能够与电力、工业、建筑、交通等重点碳排放领域深度融合减少能源与资源消耗，是我国实现碳中和的重要路径。据中国信通院发布的《数字碳中和白皮书》显示，数字技术在未来十年内通过赋能其他行业可减少全球碳排放的 20%，潜力巨大。

如今，一些智慧化、数字化手段已经融入到低碳发展应用场景中，一些政府部门就通过搭建智慧能源管理平台，促进政府能源监管，为有效避免"运动式"减碳提供了可信依据。例如，江苏无锡高新区今年打造的"双碳大脑"方舟碳管理平台，探索数字化支撑的区域碳管理方式，实现了碳排放

江省湖州市某绿色车间内，技术人员正在操控自动化设备

管理的可视化、可追踪、可分析。山东省推出的全国首家省级智慧化工综合管理平台能够对化工产业不同企业间的数据进行整理、清洗、压缩，预先计算出产业整体税收、能耗等受到的影响，由此实现对全省化工产业发展和规划的研判。

企业则在推进绿色制造、智能制造、产业数字化等过程中尝到甜头，比如温州乐清的正泰物联网传感器产业园采用光伏发电系统，年均发电量近40万千瓦时，预计每年能给园区省下27万多元电费；五粮液将一部分酒糟通过生物质发电项目，既燃烧产生蒸汽用于酿酒，又供应绿色能源，不仅实现了"从土地中来，到土地中去"，废物归零，还带来上亿元收入。

与此同时，作为数字技术的支撑者，科技互联网公司也在践行"双碳"战略和绿色发展理念，2021年，腾讯、阿里巴巴、百度等企业相继推出碳中和规划，百度建立绿色数据中心、阿里巴巴发行了可持续发展债，美团先期投入5亿元发起设立公益性的"青山科技基金"，鼓励更多青年科学家投身该领域研究，促进更多环保科技成果在产业中发挥价值。

绿色低碳，贵在主动，成在持续。《中共中央关于制定国民经济和社会发展第十四个五年规划和二〇三五年远景目标的建议》强调，要推动绿色发展，促进人与自然和谐共生，并明确提出"开展绿色生活创建活动"。我国早在1990年就设定了全国节能宣传周，并在2013年起将全国节能宣传周的第三天设立为"全国低碳日"。旨在通过全国性的宣传活动来树立公众绿色低碳的生活观和消费观。近年来，低碳意识深入人心，公民践行绿色生活方式的积极性主动性明显提升。如乘坐公共交通工具代替私家车、短程出行使用共享单车、减少使用一次性物品……以共享单车为例，据生态环境部环境发展中心与中环联合认证中心发布《共享骑行减污降碳报告》显示，美团单车用户过去几年累计减少二氧化碳排放量118.7万吨，相当于减少了27万辆私家车行驶1年的二氧化碳排放量。

各地还推出了特色的宣传活动：在上海，政府有关部门设计了两位低碳行动IP形象——"LoLo"和"CoCo"，并引导市民"云游"低碳社区、"云享"

江苏大学志愿者在指导小朋友制作创意环保房屋模型

低碳礼包；在江西，200多名中小学生受聘为"节能督导员"，他们将带动身边的同学和家庭成员共同参与垃圾分类；在厦门，地铁车站范围内7米以下除无障碍电梯外的自动扶梯停止运行一小时，鼓励市民乘客使用步梯。这些有趣、"接地气儿"活动，更多公众把绿色低碳融入日常生活。

在这一过程中，不少互联网企业也各出奇招，号召其广大的用户群体积极参与到低碳行动中来，比如，低碳日当天阿里巴巴启动了"绿色能量行动"，与100多家企业合作，以蚂蚁森林"绿色能量"作为积分式奖励，推动消费者更多地选择节能降耗、低碳减排的产品服务。腾讯发起"碳中和问答"科普公益活动，用户通过答题间接向植树种草、湿地保护类碳中和公益项目进行捐赠。美团结合业务和产品探索可持续消费引导行动，在商家端，上线"商家青山档案"产品功能，餐饮商家可以展示分享自身环保实践，在用户端，消费者可以看到点外卖无需餐具次数、低碳出行里程等信息，鼓励商家、用户用自身行动为城市减碳贡献力量。

实现碳达峰、碳中和是一场硬仗，也是对我们党治国理政能力的一场大考。面对这场大考，完善法规、科技助力、加强引导，每个环节都必不可少。在"赶考"的第一年,我们在摸索中收获了经验,为能源结构优化梳理了正确的方向,为城市与产业发展注入了科技引擎,也为全民参与低碳打造了扎实的群众基础,让我们对如期达到双碳目标更加笃定。

延伸阅读

骑单车也能参与碳中和,300万用户共减碳两万吨

"最近总有银行网点工作人员积极邀请我参加数字人民币消费体验,可考虑到使用数字人民币的场景并非随处可见,我一直没有参与。这次看到路边停放的共享单车可以用数字人民币支付,倒是激起了我体验的兴趣。"平时以坐公交为主的北京市民王女士第一次对骑单车这件事产生了好奇心。

和王女士一样,上海徐汇区白领小陈也对数字人民币骑单车这件事热衷不已,"只要打开美团APP搜索'数字人民币',完成报名即可领取10元数字人民币红包,用于支付美团单车骑行费用,之后再骑行还能额外获得相应的数字人民币低碳红包奖励。"小陈已经习惯了跟身边的朋友推荐这个福利。

以数字人民币为代表的支付技术创新，正在成为碳中和深入百姓日常生活、倡导绿色低碳生活方式的重要突破口。去年9月份，在上海、深圳、苏州、西安、成都、长沙、海南、雄安新区等地区，美团联合中国邮政储蓄银行、中国农业银行、中国建设银行共同发起"美团单车数字人民币试点活动"，旨在通过发放数币骑行红包、为低碳行为提供数币返现等正向激励的方式，在普及数字人民币应用的同时，倡导绿色低碳生活方式。半年以来，数字人民币激励对于用户的低碳行为表现出显著促进作用。美团数据显示，至2022年2月底，有超过1000万用户报名参与这一活动，其中有约300万用户在活动期间下载和开立数字人民币个人钱包。这些用户累计产生超过7120万绿色骑行公里数。与驾驶燃油车相比，同等运量下预计可减少碳排放量近两万吨。

■ 专家观点

社会管理智能化的焦点与场景

吕本富

（中国科学院大学经管学院）

近年来，我国社会管理领域经历了网络化、数字化、智能化三个阶段，实践成果丰富。从 2015 年开始，各地政府开始政务信息化工作，以办公自动化、政府电子化、政务联网等手段，解决以往不同部门之间信息流通不畅问题。2018 年，推进"互联网+政务"工作，政务事项与数字技术的融合不断深化，"一网通办""最多跑一次"等系统纷纷上线；2020 年，由于新冠疫情防控的需要，非接触服务成为主流，很多城市提出了免证办、秒批、秒办、不见面审批等服务，提升了政府政务的效率。2021 年，政务服务向智能+方向发展，在数据跨部门共享的基础上，打造出各

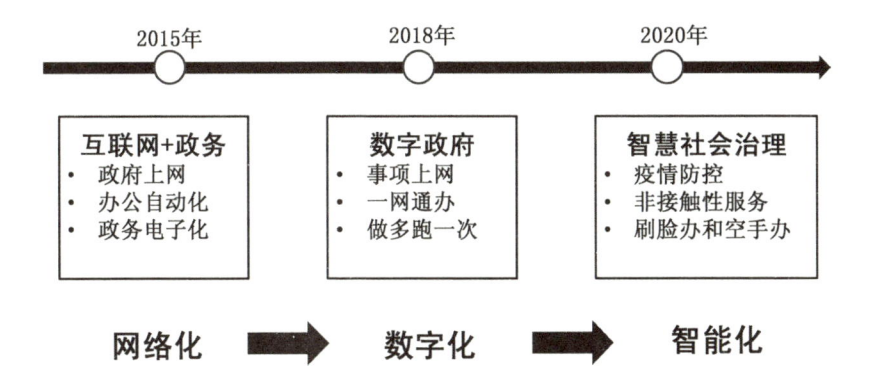

图 1 智能技术推动政务模式的转变历程

种智能化服务，进一步满足社会服务多样化需求，比如，甚至在很多西部地区推出了刷脸办、空手办等服务。可见，社会管理正在实现从数字化向智能化的过渡。社会管理能力的智能化将是我国治理能力现代化的重要突破点。

一、社会管理智能化的焦点

社会管理与人们的生活息息相关，直接关系到社会的具体运转和居民的生活质量。智能化过程中，存在两个焦点问题。

一是如何通过智能化改变服务过程的信息不对称问题。餐饮外卖、生鲜电商、即时配送、预约服务等极大地提升了城市居民的生活便利度，随着即时配送网络的不断完善，即时配送范围不断扩大，信息不对称程度将急剧扩大。家政、医疗、旅游等许多生活服务，供给者不专业或不上心、消费者不放心和不安全的问题时常存在，都在很大程度上反映出服务质量亟待提升。只有通过数字化赋能，进行智能化抓取，才能将服务过程可视化、可追踪、可评论，从而有利于解决生活服务领域的信息不对称问题。生活性服务业智能化将极大地提高生活便利度，能改善服务业的效率和效益，增加服务业的供给。提高服务供给质量，提升消费品质，改变消费体验。

二是智能化过程中生活性服务业的平台化问题。生活服务需求一般都是碎片化的，不但要求供应能力的冗余，更会带来消费排队等现象，从而既降低了服务的效率，也给消费者享受服务带来了极大的不便。而通过平台集成相关服务，实现平台化整合，能够形成一个基于生活服务行业的完整生态，减小了消费者的等待时间，提高了服务的便利度。平台主要依靠移动互联网、LBS（基于位置服务）、大数据、人工智能等方面的技术，为实体服务店重组优化供应链，利用新一代信息技术将到店服务与到家服务利用价格、服务时间等多种方式进行精准组合，全方位调度服务资源，解决生活服务行业供需不均衡、不匹配问题。平台能够从促进服务消费、推动行业企业发展、助力政府数字化治理等领域。相关政府部门需要城市管理、社会保障、公共服务等方面发挥平台的作用。

二、社会管理智能化的场景设计

对于上述焦点问题，需要应用场景中进行解决。相关的政府部门需要对这些场景进行恰当的顶层设计，才能使社会管理智能化得以实施。这些场景设计突出地表现在社会治理、公共服务、城市运行三个方面。

（一）社会治理的方面

传统社会治理方式较为粗放、重复作业、运动式整治现象较多，而智能技术突破了传统城市治理中"人手不足"的困境，推进城市治理现代化、精细化。因此，网格化管理应运而生，主要实施方案在于利用地理编码技术，将管理对象按照一定标准划分为若干单元，依托物联网信息采集技术并结合人力资源，配备多位专职网格员错时巡查，承担起政府和民众沟通的桥梁作用，促进城市管理从定性变为定量、静态变为动态。依托大数据和云计算技术，网格员将巡查事件实时上传系统并分发给不同部门处理，协同互补的工作机制推动不同的网格系统互相融合，实现协同式的"一网统管"精细化社会治理，促进城市管理从单一变为综合。

智能技术的定量特性使得精细化管理绩效考评制度更加科学，实时完善、公开透明的审核信息增进了社会监督作用，保障了社会治理的公信力。智能技术赋能社会管理从传统治理的以人为主模式逐渐过渡到人机协同模式，这促使了行政治理力量的下沉，并确保了居民社区与政府部门的互联互通，实现"信息推送及时、事务处置闭环"。"一网统管"治理模式实现了各个网格单元间的信息交流和资源共享，并将全链路数字信息技术应用于多场景，最终达到资源整合和管理效率提升的目的。

(二) 公共服务的方面

信息技术的运用是智慧城市的缘起特征和核心内容，"新基建"提速上马，助力城市公共服务智能化、无人化。首先，以二维码"扫一扫"为代表的物联网和图像识别技术的具体应用拓展了获取居民日常生活数据的信息源，依托最为反映和贴近居民日常生活习惯及行为习惯的信息数据，利用大数据技术将个人信息从衣、食、住、行、游、购、娱等多方面融合城市基础信息提供政策和决策的数据支撑助力智慧城市建设。用户通过"扫一扫"即可获取相关信息，如在出行时的智能路线规划、线上排队及灾害预警信息等。其次，无人政务服务站作为一种新型便民设施，不仅节省了居民和企业的"跑腿"时间，且依托互联网技术推动公共服务的时空延伸，打破了上下班、节假日的时间限制，"信息最后一公里"的打通使得无人政务中心更加便民。智能政务系统打破部门壁垒实现信息互认，缓解政务系统"竖井式开发"、多头管理的问题，减少了居民和企业政务办理多次"跑腿"的现象。智能+政务服务的流程规范、数据多方校验及透明公开等特征有效杜绝了行政审批权力寻租，让"门难进、事难办、脸难看"成为历史，显著提升了政务服务公正性。智能技术赋能社会公共服务，促进并构建智慧便民的数字社会和营造富有活力的数字生态。

(三) 城市运行的方面

习近平总书记指出，"城市管理要像绣花一样精细"，智能化、动态化成为城市运行管理新路径。高效的数据收集、数据处理以及数据通信是实现实时城市运行状态跟踪、评价与调整的关键。为满足城市实时动态的运行管理需求，物联网技术的应用突破传统的数据收集手段依托人力资源的限制，建立一系列的传感器网络对物理世界进行监测，获得高精度、高细粒度的城市状态数据，多源大数据结合构建城市动态运行管理的数据基础。云计算、边缘计算及人工智能技术的发展为城市大数据的处理提供了技术支撑，依托智能技术对信息流精准解读使得决策者能够发现城市运行过程中的各种问题，进而驱动城市运行的动态优化调整。通过城市实时大数据挖掘，可以深入了解城市日常的运行规律，总结运行系统不同模块的相互关联及影响机制。网络通信能力的优化保障了城市运行状态的动态化调整，5G 相关信息通信技术的突破增进了城市部门的社会环境感知能力，数据传输效率的提升使得决策更具及时性，动态反应速度的提升对智能时代下城市运行管理的新问题提出了解决方案。

在应用实践上，比如，上海在政务服务领域打造 AI+ 服务，建立了线下窗口智能化的服务体系，运用在线预约、语音引导、数据共享、电子建档等手段实现智能化的自助办理；推动了 AI+ 审批，通过数据共享、智能识别等方式，实现了一批无人干预的自动办理等事项，从而进一步减少跑动的速度，缩短了整体办理的时间；依托一网统管的载体，连通城市地理信息系统，加快人工智能赋能城市公共安全、应急处置、规划建设、交通管理等，持续加大公共数据的治理。在美国纽约，智能技术在公共校车的路线规划、房屋质量检测、再犯罪风险预估、儿童福利制度、预测性警务等诸多领域有诸多应用，政府部门逐渐使用与依赖算法的自动化决策。算法成为公共资源分配与社会治理主角，切实地影响着近 900 万纽约市民的日常生活。青岛举全市之力推进数字化转型，打造"社会治理一张网"，实现社会治理网格化、实时化，横向联通各部门并纵向推动社会治理资源向基层下沉，极大地提高了数据决策的风险防控能力。掌上政务服务平台的构建使得政务服务更加便民惠民，办事不再需要排队跑腿、身份认证更加精准、出行规划更加科学，数字化转型为社会治理与城市发展注入全新动能。

三、智能化过程中的主要事项

在社会管理智能化过程中，除了进行场景设计以外，还需要注意下面四个问题，才能保证智能化是一个可持续的健康发展项目。一是所应用的领域是否可持续产生大量、可靠、稳定的数据；二是这些领域是否具有明确的投资回报周期；三是这些领域有哪些技术提供商，科技巨头与创业企业是否有同样获取数据能力；四是产品与应用是否可以解决行业痛点，就目前的技术水平来讲，智能技术的优势在于适用于特定任务时，可以发挥其速度上的长处，从而解决各种行政服务中的效率问题。

上述这四项可以作为实施智能系统的技术性规则。事实上，在一项智能系统实施过程中，由于人类具有理解能力和适应环境能力强的优势，还需要考虑人机配合问题以及所在领域的法律和伦理规范，本文不再赘述。

■ 专家观点

数字经济支持能源和经济转型的实现

姜克隽

（国家发展和改革委员会能源研究所研究员）

1. 双碳目标下的能源和经济转型

1.1 能源转型

《巴黎协定》提出，要把全球平均气温的升高幅度较工业化以前水平控制在 2°C 之内，并为把升温幅度控制在 1.5°C 以内努力。研究发现，如果以升温幅度控制 1.5°C 之内为目标进行情景设计，全球需要在 2050 年到 2060 年实现净零排放（IPCC，2018），[1] 如果要实现 2°C 的升温幅度控制目标，则需要在 2070 年后进入净零排放（IPCC，2014；IPCC，2018）。

这些情景的主要特征包括：到 2050 年，非化石能源占一次能源的比重达到或超过 75%（按照发电煤耗方法计算）；电力系统在 2050 年前实现零碳排放，之后进入负碳排放阶段；终端部门大力推进电力化；无法电力化的行业使用绿氢作为能源、原料以及工艺材料（如还原剂）；大力发展碳捕集和利用（CCU）技术、碳捕集和封存技术（CCS），到 2050 年，需要捕获的 CO_2 有可能会达到 16 亿吨；在化石燃料发电、生物质能发电以及工艺过程都需要使用 CCU 技术和 CCS 技术。

---

[1] IPCC (2018) IPCC Special Report on 1.5C Warming, IPCC report.

和其他模型组不同的是，IPAC模型组给予核电更大的发展空间，到2050年，发电装机容量达到5.6亿千瓦，加上其他核能的使用，装机能力将达到7.5亿千瓦（Kejun et al., 2018）。

未来我国的能源安全也随能源转型内涵有所转变。高比例非化石能源情景下能源已经不需要进口，甚至开始出口氢到周边国家，能源安全从目前以进口能源占比转向到控制能源相关的事故，以及高可靠度供应能源。依赖可再生能源和核能的情景将可以更加安全的供应能源，并且将能源价格保持独立，切断和国际能源价格的关联，避免能源价格受国际价格变动的影响。同时大力发展核能，可以在系统能源价格上更具竞争力。尽管目前很多人对核能还有担心，但是核能的技术进步已经使现在的三代核电技术和以前的核电技术相比在安全度上有了巨大进展，可以做到高度安全性，即使在出现核电厂事故的情况下做到无死亡，无厂外有产生有害影响的核污染。从能源系统角度来看，核电是最为安全、最为低碳，也可以高可靠度供应电力的发电方式之一。

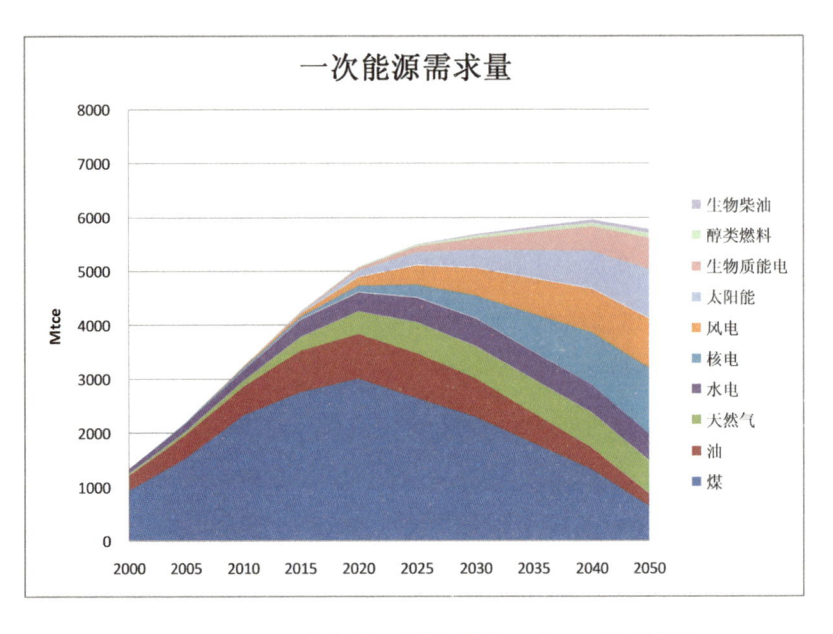

图1 2000—2050年我国一次能源需求量（IPAC模型结果）

从发电情景来看，未来风电、光伏等可再生能源发电需要保持现阶段快速增长的趋势，同时较大幅度提高核能发电量（见图2）。

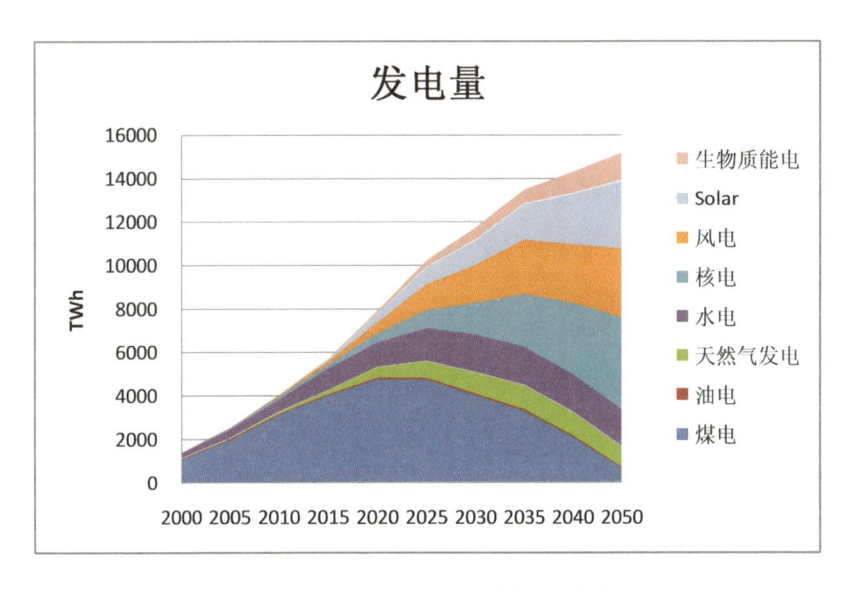

图2 2000—2050年我国各种电源的发电量

在我国能源部门到2050年可实现净零排放或负排放的情况下，应鼓励终端用能部门尽快实现电力化转型，即到2050年，交通部门全部电力化，建筑部门基本电力化，工业部门尽力电力化。对于无法实现电力化的工艺，应鼓励使用氢能替代。

以交通部门为例。到2050年，我国交通部门可以实现能源完全清洁化，做到净零排放。2050年，道路交通将基本全部使用纯电动车，部分大型货车也将采用燃料电池车。在船舶方面，万吨以上船舶基本依靠燃料电池驱动，万吨以上船舶则采用纯电动电池驱动。在航空方面，大部分飞机将以生物航空燃油和氢燃料驱动；其他运输基本实现电力化。实现交通部门净零排放的重要因素之一是技术革新（Jiang et al., 2021）。研究表明，未来电动车有望彻底超越燃油车，即性能更好、售价更低（庄幸等，2012）。在IPAC模型中，在1.5°C的情景下，到2050年全部小汽车、大客车、轻型货车、中型货车，以及部分重型货车均为电动车，部分重型货车采用燃料电池。飞机采用氢燃料和生物质航空煤油，轮船采用氢燃料电池、绿氢为原料的甲醇、合成氨，或者核动力，小型船舶为电动船。

1.2 碳中和下的经济转型

实现多重目标，将对我国的经济转型产生明显和深远影响。[①] 技术将发生变革，随之而来经济产业格局将出现变化。这些变化之中，多重目标的实现不会拖累经济，而是会更好地促进经济发展，增加 GDP。实现这些经济转型，需要尽早作出准备。

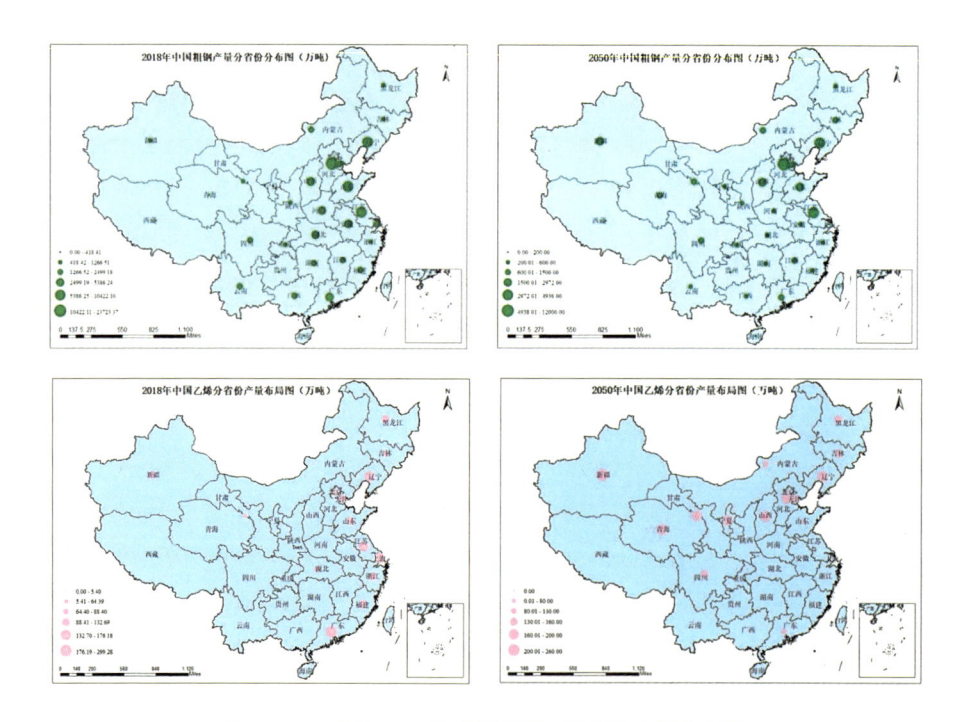

图3 2018 年和 2050 年中国粗钢、乙烯的产量分布图

[①] Jiang Kejun, He Chenmin, Jiang Weiyi, Chen Sha, Dai Chunyan, Liu Jia, Xiang Pianpian (2021) Transition of the Chinese Economy in the Face of Deep Greenhouse Gas Emissions Cuts in the Future, Asian Economic Policy Review, 2021，http://dx.doi.org/10.1111/aepr.12330.

2050年，工业部门则应尽力实现电力化。针对难以电力化的工艺，可考虑用氢作为替换，例如在合成氨、苯、乙烯、甲醇等原材料时，在生产工艺中采用氢做还原剂和原料，或在有色金属、无机化工等行业的生产工艺中用氢还原矿石。分析交通部门和工业部门的转型需求可发现，未来我国对氢的需求量（5000万—7000万吨）较大，需加快绿氢发展，即使用零碳电力制氢（姜克隽等，2021）。

由此可见，我国光伏、风力等可再生能源装机量及发电量将持续增长，这一趋势也将改变中国经济发展格局。下游行业的生产区域可能会向可再生能源发电或核能发电成本较低的地区转移，如我国北部、西部和东北地区。

2. 2050年的场景

碳中和目标带来了明显的能源和经济转型。2050年的社会经济生活会出现很大的变化，这其中数字技术扮演着重要角色。

2050年的能源系统更大比例依赖电力供应，根据我们的情景分析，2050年电力需求量会达到15万亿到17万亿千瓦时，其中可再生能源占比65%，核电占比30%。这个格局下，大规模的间歇性可再生能源的接入，对电力供应提出了极大的要求。我们实现终端能源高比例用电，电力系统中高比例可再生能源，需要大规模的储能、需求侧响应、产业布局匹配，以及一个高可靠度的电网系统。

交通实现近零碳排放。电动汽车的发展，支持了无人驾驶。到2050年的时候，道路交通都为无人驾驶，恶性交通事故减到零，不再有交通堵塞，基本不需要家庭拥有车辆，社会汽车拥有量明显下降，也导致汽车产量明显下降。为适应这样的变革，道路交通体系也需要相应的改变。交通另外一个重要的变化是小型电动飞机的发展，利用大量的通用机场，实现点到点的飞行，无人驾驶，通用机场也可以无人值守，按需求飞行，和当时的道路出行类似，可以在出行之前通过手机等预定。飞行高度 3000 米，起飞距离小于 300 米，高度安全，不会出现死亡。

建筑也实现近零排放，建筑内以用电和用热为主，智能化的家庭和建筑用能设施可以实现更为高效的用能和室内健康生活环境。建筑里各种用能实施实现物联化，可以高效节能，同时建筑体的分布式可再生能源供能系统的波动性可以通过建筑能源控制系统最大程度地得到利用，高转化率的可再生能源系统可以为建筑提供大部分的用能需求。

由于价格更为竞争性的可再生能源布局带来的产业布局的变化，导致了工业生产模式的变革。以绿氢为基础的产业可以实现更加简短的生产工艺，利用可再生能源以及氢反应工艺可使得原来的"两高"产业成为低能耗和低污染产业。工业再布局也将带来交通流向的变化，工业基础原材料生产转向西北、华北、东北，也导致最终产业的生产同样转向这些地方，物流的方法会发生明显的变化。到 2040 年后，电商的物流出发地更多为甘肃、青海、宁夏、内蒙古、黑龙江、新疆等地。由于中国的零碳电力是全球成本最低的区域之一，而且有强大的制造业基础，也使得中国的零碳产品更加有竞争性，中国的产业主导地位将持续，同时改变高矿石消耗和高环境破坏的状况，世界最强的制造业将不再对地球产生负面影响。近期光伏、风电、核能的成本下降，以及电解水制氢技术的进展，将使绿氢生产出现变革，十年内产业变革就开始出现。制造工艺的变化同时也可以实现低的水消耗，化工品的毒性明显下降，开采矿石明显下降。

农业生产模式出现变革，以减少农业源的温室气体排放和对土地的伤害。到 2050 年土地利用下降 50%，畜牧业下降 70%。粮食和肉食来自工业生产，以绿氢和回收的 CO_2 为原料生产，支持人体营养的食品更加多样化。这样可以恢复农业用地，并明显减少农业灌溉用水的需求。

能源转型可以带来高度的能源安全。由于我国的能源供应依赖于本地能源，不再进口石油天然气，而有可能向日本、韩国等零碳电力资源缺乏国家出口氢，因而从能源进出口角度看待的能源安全问题得到根本解决。大规模可再生能源为基础的电力系统带来的间歇式能源供应问题，则有以抽水蓄能、煤电调峰、化学储能调峰，以及强大的电网系统来解决。依赖于可再生能源、大型核电、小型核电核能的电力系统，会更加安全，可以应对多种突发场景，保障高安全度的电力供应。

3. 数字、信息、智能技术不可或缺

实现这一切完全离不开数字技术。

高安全度的电力供应，没有数字、信息、智能技术是不可能实现的。可再生能源的间歇特征，导致一些时间段的电力供应远大于需求，而在另外一些时间段的电力供应则明显小于需求，要实现满足需求的电力供应，一个强大的电力供应系统就需要被构建，这个电力系统需要数字、信息和智能技术的支持。对于光伏和风电需要达到分钟级的预测和电网相应，这都是传统调度方式所不可能实现的。欧洲已经在这方面处于领先，欧洲目前已经实现较高比例的可再生能源接入，电网的安全性实现方面通过大量的数字、信息和智能技术已经可以实现高安全度的电力供应。近期的国际局势，又再次促使欧洲加快电力转型进程，德国已经决定在 2030 年就实现电力零碳化，不再依赖化石能源。欧洲已经有数万个电力交易商参与，可再生能源的预报可以实现几分钟的短期预测。

同时需求侧的响应需要强大的数字、信息和智能技术的支持。白天的大量光伏电力需要用户端尽量用电，而傍晚时分则需要对用户用能进行调控。但是由于炊事需要电炊，因此晚饭时间的电力需求很可能由于电炊而明显改变负荷曲线，这就需要多种途径的电力负荷和供应调节，一个高度智能的调节系统就显得至关重要。

交通系统的变革是根本性的，没有数字、信息和智能技术的支持就不可想象。目前已经有很多企业进行大量的投入研发。交通的高效和安全完全依赖于信息技术的发展，而且挑战很大。车和车之间的交流可以实现，但是车

和人之间的交流如何实现目前还没有很多研发涉及。智能的车和人的穿戴设备也许会提供一个可能，避免车和人的交互时可能出现的危险。同时道路和行人、自行车的交叉也需要一个全新的系统支持。

产业的变革也将高度依赖数字、信息和智能系统。工业生产将高度自动化、无人化，整个生产体系和运输也将主要由高度智能化的系统来操控。人为操作将远离潜在危险的工艺，工业生产可以在安全地域进行，而这些地域也是零碳电力便宜、土地便宜的区域，更容易实现自动化生产。

整个转型的体系也同样需要数字、信息和智能技术的支持。碳交易的数据支持，交易系统的运行，企业和社会排放的计算和监管，产品碳标识的计算和跟踪，零碳企业和产品供应链管理，企业、省市、国家和全球的温室气体排放，都需要强大的信息技术和监测技术支持。

4. 结论

能源转型将在未来三十年左右实现，三十年的时间从转型和技术研发，以及国家和企业战略设定方面都很紧迫。技术的研发和实现需要在十年左右就要出现，才能更长远支持能源和经济的转型。认识到这一点，国家和企业的战略安排就很重要。在国家生态文明、双碳目标的驱动下，制定国家和企业的发展战略，以和国家的总体社会经济发展战略目标、生态文明目标、双碳目标以及国际合作目标相一致。数字、信息和智能技术发展企业同样需要明确未来的发展格局，支持国家战略目标的实现，在新的转型路径上发现机遇，进一步融入大的发展格局中，实现国家战略实现和企业发展的双赢。

年度热词

科技冬奥：2022年北京冬季奥运会冬残奥会提出的愿景。旨在通过冬奥筹办，为世界探寻更好的未来城市生活解决方案，实现对人友好、对环境友好、对产业友好、对社群友好的人类城市生活目标。

一刻钟便民生活圈：以社区居民为服务对象，服务半径为步行15分钟左右的范围内，以满足居民日常生活基本消费和品质消费为目标，以多业态集聚形成的社区商圈。

一店多能：指社区内小店在自身正常经营的同时，可以为社区居民提供简易餐食、洗衣改衣、买菜、寄收快递、生活缴费等服务，"一店多能"的发展有利于为社区居民提供便利性和多样化的服务，提升"就近消费"质量。

双碳："碳达峰"与"碳中和"的简缩合称。分别指我国二氧化碳排放量2030年前达到峰值，2060年前通过植树造林、节能减排等形式抵消产生的二氧化碳以实现零排放。"双碳"目标是我国向世界作出的庄严承诺，彰显了中国积极应对气候变化、走绿色低碳发展道路、推动全人类共同发展的坚定决心。

数字碳中和：指数字化路径和碳中和目标的结合。国家"十四五"规划和目标纲要明确了碳中和的路线图，并将数字经济、新能源、创新等内容作为实现碳中和目标的重要支柱。目前来看，碳中和目标是倒逼产业结构的调整，要求清洁能源在能源结构中的比重提高；这正是数字经济所擅长的——重塑产业结构，提高运营效率，实现数字治理、绿色能源和城市基础设施的智能化改造。

公益篇

助力第三次分配
数字技术发挥向善力量

随着全面建成小康社会的目标实现，我国开启了"扎实推动共同富裕"的新征程。完善收入分配制度是新时代推动全体人民共同富裕的重要路径，2021年，中央财经委员会第十次会议将第三次分配纳入基础性制度安排。作为第三次分配的主要渠道，慈善事业在自身建设与发展上也正在产生着深刻改变。

伴随着新的历史使命，我国慈善事业在组织化、规范化、透明化、专业化的道路上加速奔跑，抗击疫情，深入乡村，触达更多议题，人们在一次次的关注与参与中感受到"善"的力量，而数字技术在公益领域的逐渐渗透则将这种力量持续放大：互联网让人们从能参与公益到爱上参与公益，普通人可以点点手指，在生活间隙随手献爱心；"Z世代"年轻人从按次捐赠养成每月一捐的习惯；多方协同助力公益行业更好发展，慈善发起者开始从过往的慈善组织拓宽到众多有爱心的个人。同时，数字技术也让公益长期以来不断探索的透明化、高效化得到进一步的解决：一块块清晰可见的操场拼接地板就可以将捐赠者与受助者的心更紧密连接在一起；5G课堂让山区孩子也能与时代接轨，AI技术让野生动物保护者更好地了解动物规律……当公益插上数字化的翅膀，第三次分配有了更多想象的空间。

技术是推动社会发展的动力，在以"道德"为主体的慈善领域亦是如此，虽然当下很多技术还在发展阶段，渗透到慈善事业的应用还有限，但我们相信，数字经济下的公益将是社会建设和实现共同富裕的新场域。持续推进以互联网公益为主的数字化公益大格局的制度建设，有助于传播中国公益正能量，推动公益慈善事业行稳致远。

▶ 公益走向大众化，
互联网拓展第三次分配主体

张经纬是上海博物馆的副研究馆员，长期从事历史与民族文化研究。此前，他在上海为中学生讲解过博物历史知识，但一堂课能影响的学生最多也不到一百人。张经纬希望，自己能给更多孩子普及博物馆知识、民族文化知识。

在直播间里，张经纬的愿望得到了实现：从镇馆之宝缂丝莲塘乳鸭图，到民族服饰瑰宝中的贝珠衣和鱼皮衣，他通过网络直播间，为全国22个省自治区直辖市150所乡村小学的数万名孩子带来了一场别开生面的博物馆课。课后，张经纬还特意请学校老师收集问题反馈给自己，"希望孩子们能提出更多问题，40个，400个，我会尽力帮助孩子们解答"。

这是"带乡村孩子走近博物馆"直播公益课的一堂课程。通过互联网直播，博物馆工作者们更快、更方便地将乡村孩子的视野，带进了千里之外的博物馆。

毕业后从事审计工作的杨奇需要经常在不同城市出差，常自嘲"居无定所"的他在大学时是志愿者服务团的一员，但如今已然没有了足够的时间身体力行做公益。"不过现在接触公益的方式很多也很方便，不一定要像大学时那样每周定时去做志愿者了"，杨奇说，现在住酒店、点外卖就可以看到各种公益项目，比如在美团上消费时，不管是APP的开屏、下单前的浏览页面还是支付成功后的弹窗，都会有公益项目的推送，自己经常会点进去捐赠一笔，"钱虽然不多，也是一份心意"。

开直播带乡村孩子看博物馆、日常消费时随手捐一笔，互联网正在降低普通人做公益的时间、距离和场地等成本，让爱心人士能够更便捷地参与到公益捐赠中来，助力畅通个人参与第三次分配的路径。

第三次分配是社会主体在自愿的基础上，以民间捐赠、慈善事业和志愿行动等公益方式进行的财富流动与资源分配。2021年8月，习近平总书记在中央财经委员会第十次会议上强调，要坚持以人民为中心的发展思想，在高质量发展中促进共同富裕，正确处理效率和公平的关系，构建初次分配、再分配、第三次分配协调配套的基础性制度安排。这是第三次分配首次被列入我国的基础性制度安排，并上升到了国家战略体系层面。

第三次分配的主体包括企业、社会组织和个人等，发生在广泛的社会参与领域。从其社会属性出发，第三次分配应该是普遍的公众参与行动，资源贡献者不能局限于企业和高收入人群。现阶段，我国参与第三次分配的主体仍以企业为主，个人占比过低，制约了第三次分配规模的发展，结构有待优化。因此，扩大公众慈善参与度、鼓励个人捐赠成为发挥第三次分配作用的重要方式。

在此背景下，互联网公益通过提升个人参与公益的便利性，拓展了第三次分配的主体，彰显出对第三次分配的促进作用。2021年6月，民政部、国家发展改革委联合编制的《"十四五"民政事业发展规划》提出，规范发展互联网慈善，加大互联网慈善支持引导力度，激励互联网慈善模式创新、业态创新、管理创新、技术创新。2021年9月17日，在国新办举行的扎实做好民政在全面小康中的兜底夯基工作发布会上，民政部相关发言人表示，要适应互联网时代发展的需要，大力发展互联网慈善。

浙江等地方政府也在加快推进互联网公益。《浙江高质量发展建设共同富裕示范区实施方案（2021—2025年）》明确提出"推动互联网慈善，打造智慧慈善"，于2021年9月3日上线的杭州"民生直达"慈善公益模块，可让市民们随时通过手机APP或微信小程序搜索身边的慈善项目，开展线上捐赠，从而让随时随地的公益捐赠成为现实。

在降低公益参与门槛的同时，互联网公益的形式创新，也吸引了更多人加入到公益捐赠的队伍中。浙江的崔女士前不久收到了来自陕西大山深处的"外婆的礼物"——10个土鸡蛋。之前，她在网上通过50元的爱心认购，给山里的留守老人们赠送了鸡苗；几个月后，老人们把鸡养大，又向她赠送了绿色山货土鸡蛋，剩余的鸡蛋则可以赚钱。这是一种"以买代捐"的互联网公益新模式，相比送钱送物资等传统的公益帮扶，这种方式让大山里的"空巢老人"变得有事可干，让她们有了持续增收的能力，从根本上改善了她们的生活状况。

在崔女士看来，直接捐钱给老人带来的帮助是有限的，"之前没有在互联网上捐过款，但是以买代捐这种方式，我觉得很有意义，在网上看到时就马上参与了"。

在这样"有感而捐"的单次捐赠之外，基于便捷、透明的互联网捐赠通道，月捐则成为越来越多人主动、持续进行捐赠的互联网公益形式。

野生动物爱好者潘洋是"猫盟"（中国猫科动物保护联盟）的第一批月捐人，虽然遗憾没能从事动物保护的相关工作，但成为月捐人之后，他感觉自己与理想的工作和生活更近了。2021年，潘洋还参加了猫萌上海站的月捐人活动，获得了月捐一年的小礼品。"月捐人的群里都是因为热爱野生动物而聚在一起的人，大家平时会讨论分享很多有趣的知识，感觉自己没有那么孤单了"，潘洋说，月捐让自己认识了很多同好，也让他这样的普通人能够为喜欢的领域尽一份力，他会一直坚持下去。在猫盟，像潘洋这样的月捐人还有很多。截至2021年11月底，月捐收入已占猫盟年度收入的一半以上。

北京韩红爱心慈善基金会发起的"月捐人"计划也在2021年得到了更多支持。一周年之际，基金会发表了一封给27067名月捐人的公开感谢信，分享了公益项目的执行情况。其中，在关注环卫工作者的"陪你一起过冬天"公益项目中，为环卫工作者特别定制的"温暖包"就来源于韩红爱心"月捐人"的捐赠善款。作为第一批月捐人，薛女士在社交平台表示，"每个月一次的捐赠已经成了习惯。金额不大，但会一直坚持，将公益进行到底"。

20岁生日那天，大学生韦力娟在朋友圈说："每月30元，虽然不多，但是希望支持更多的大学生和儿童共同成长。"选择在生日当天成为益微青年的月捐伙伴，是韦力娟给自己生日的仪式感。在新疆长大的她，儿时接触的教育资源相对落后，是支教老师的到来让她看到了不一样的世界。所以，心怀感恩的她希望自己也能成为像支教老师一样的人，去帮助更多儿童。进入大学之后，韦力娟开始积极参与公益，但还在上学的她没有时间长期支教，加入月捐，是因为她相信坚持就会带来改变，互联网能让爱传递到更远的地方。

不同于单次、短期的捐赠，月捐意味着对公益机构和公益平台的更多信任，当爱心以定期定额的捐赠形式呈现，公益也在感性中多了理性的色彩。当然，由于持续、公开的捐赠反馈是月捐人捐赠的重要动力，月捐也对公益项目的透明度提出了更高的要求，韩红爱心"月捐人"计划就通过向月捐人发送月度工作报告、季度捐赠收入和项目支出情况以及年度审计报告，提升月捐人的捐赠体验。

与此同时，基于快速传播、广泛连接的特性，互联网也在对大众生活的渗透中，让公益价值理念触达更多个体，让越来越多的普通人也开始关注公益、参与公益，进一步激发了第三次分配的主体活力。互联网的社交属性还进一步实现了公益行为的可展示、可互动，让作为互联网原住民的Z世代更有兴趣参与到公益实践中来。根据阿里发布的《Z世代互联网公益行为报告》，在阿里巴巴"人人3小时"公益平台上，18至25岁的Z世代群体占比27%以上，已经成为互联网公益的主力军。

刷微博是00后大学生徐宁宁的日常消遣，各种娱乐信息让她在繁忙的学业之余能稍微放松。这天，一封字迹歪歪扭扭的手写信让她浏览的速度慢了下来："我是滕县东荣镇华安小学六年级学生，今天我在学校吃的午饭有：木耳炒瘦肉、炒菜心，还有一个骨头汤，加上一碗香喷喷的大米饭，看到可口的饭菜，来打饭的同学们个个都笑眯眯的……"这是一封来自免费午餐公益受助孩子的家书，稚嫩的文字表达的是对好吃午餐的喜爱、对未来的期盼和对捐赠人的感谢。

在微博上#谢谢你请我吃饭#的活动页面，还有更多孩子们的来信，以及捐赠者给孩子们的回信。在浏览了许久后，徐宁宁点开了捐赠页面，送出了5份免费午餐。"之前并没有意识到，一份午餐可以让他们如此快乐"，徐宁宁正期待着孩子们的来信，并打算在自己的账号上晒出来，"希望有更多人看到这个有趣又温暖的活动"。

近年来，我国个人捐赠的比例呈上升趋势，过去主要依靠企业捐献的格局正在发生变化。在这一过程中，互联网公益从降低参与成本、创新参与方式，再到对年轻人的引导，在提升个人参与度上持续发挥优势，推动公益事业逐步走向大众化、平民化，壮大了第三次分配的参与主体。在数字技术的支撑下，互联网公益也将持续激发社会善能量，为第三次分配的推进发挥重要的助力作用。

> **延伸阅读**
>
> ### 坚持月捐，是双胞胎妈妈送给孩子的礼物
>
> 从双胞胎儿子5岁那年开始，梁敏坚持以两个儿子的名义在中国扶贫基金会进行一对一月捐，如今已坚持了六年多。
>
> 梁敏说，开始月捐源于自己的一个美好心愿，"小时候有一个笔友，两个人一直坚持给彼此写信。所以，也希望这个世界的远方，能有一个人与自己的孩子发生一段不寻常的故事"。
>
> 互联网公益的发展，让梁敏的心愿得以实现。"加油未来"月捐计划是中国扶贫基金会推出的一项每月定期、小额、持续性的捐款模式，捐赠人可以通过每月持续性的捐赠，给欠发达地区的人们送上持续性的帮助。其中，城市小朋友可以加入"加油一起成长"行动，月捐100元，一对一帮助欠发达乡村的同龄小伙伴。
>
> 这是梁敏送给两个孩子的一份礼物，她希望孩子能通过每月的捐赠培养同理心和责任感，学会关心他人，为社会做更多有意义的事。

2020年底，梁敏带着儿子进行了一场探访之旅，在云南会泽和山区的孩子们面对面，了解他们的真实需求。在孩子们的眼神里，梁敏看到了爱和努力，也感受了自己多年来月捐的力量。

梁敏说，坚持月捐以来，自己也经常跟身边的朋友分享这种形式，但是和她一起加入月捐的朋友寥寥无几。探访结束后，她又把旅程经历分享给身边的朋友们，发动朋友圈宣传月捐。令她高兴的是，看到探访的照片后，很多朋友都被孩子们所触动，开始了解公益活动，并逐渐开始加入月捐，加入"加油一起成长"计划。

目前，梁敏已经带动二十多位朋友加入月捐，每新增一位月捐人，就多一位山区的孩子得到帮助。梁敏希望，自己的孩子能在月捐中更懂爱与分享，也希望自己和更多月捐人的捐赠，能够守护山区孩子眼中的光芒，让他们能有更好的未来。

数字化凝聚合力，公益迎来多元共创

2021年"十一"国庆黄金周期间，不少人还沉浸在出游的欢乐中时，山西多地遭遇了罕见强降雨侵袭。暴雨从10月2日晚上起，不停歇地下了将近90个小时，山西抗洪抢险工作吃紧，民众对救灾物资有巨大需求。为了加强省内外部资源、专业救援力量与社会爱心力量的有效协调合作，"社会力量支持山西抗洪协调网络平台"在两天时间内便搭建了起来，在山西抗洪救灾和灾后重建工作中发挥积极作用。信息显示，截至2021年10月30日，"社会力量支持山西抗洪协调网络平台"对接了83项捐赠资源，累积1660余万元，协调了37家基金会企业转运66批次物资援助山西4市27个区县，动员了超过100支的应急救援力量，超过5000名志愿者的参与。

"社会力量支持山西抗洪协调网络平台"的及时发起和迅速启动，展现了公益在数字时代所拥有的联合与共创的力量。据总协调负责人介绍，平台的发起源于山西籍公益人对山西灾情的高度关注，通过与山西一线社会组织和"基金会救灾协会"、中国基金会发展论坛等省外资源的对接，以及与山西省各级政府组织保持密切联系，"社会力量支持山西抗洪协调网络平台"得以在不同类型、不同地区、不同大小的社会组织与公益人的共同努力下上线运行，架起了信息和物资流通的桥梁，提高了救灾效率。

从一个共同的公益目标出发，多元社会力量共同参与、联合协作，山西抗洪协调网络平台的组建，反映出了公益领域的多元共创特征。这种共创不止发生于社会组织之间，只要志同道合，不同领域的社会爱心人士也可以携手成为同一个公益议题的发起者。

2021年，16位女性挑战了海拔5000多米的青海岗什卡雪山。登山不仅是她们对自己发起的挑战，也是为帮助更多女孩的一项公益活动。募资的71万元将用于帮助云南迪庆300位高中女生，包括为她们提供三年奖学金，搭建女生成长课堂等教育项目。参加这次公益攀登的女性来自不同行业、有着不同背景，很多都没有登山经验，也没去过高海拔地区，甚至都没有运动习惯，但这样的攀登，"她无限"已经坚持组织了三年。

发起人周欣华女士说，"她无限"起源于一次女性朋友聚会，来自不同领域的女性朋友聚在一起，在聊天中有了想做些什么来改变现状的想法。随后，这个想法开始延伸、落地并得到了更多支持，十位有着不同背景但都有着公益爱心的女性决定通过攀登，证明女性的无限可能，也希望通过这一方式为女性公益项目募集善款，帮助偏远地区的女童接受教育。

像"她无限"这样，一群人基于共同的美好心愿，汇集各自的资源，通过集体的讨论、行动、捐赠，用于支持某个社会议题的群体就形成了捐赠圈。作为一种新的公益模式，捐赠圈以参与者对于社会问题的共同看法和对公益慈善的共同理解为基础，反映出当下的社会个人捐赠不仅热情更高，也更理性了。据联劝公益基金会数据显示，截至2021年末，基金会共孵化和培育了22个捐赠圈，总捐赠额超650万元，每个"圈"的年均捐赠额约为30万元。这其中，有百位普通上海市民每人每年捐赠2200元形成的"一众"捐赠圈，有一群爱运动的来自复旦大学、上海交通大学的教授及其朋友发起的捐赠圈，也有一群来自不同城市、不同年级的高中生聚在一起，为他们关心的社会议题募款。随着捐赠圈的进一步普及，更多分散的社会个体的力量将凝聚起来，用群体智慧为公益注入活力。

从社会组织之间的协同合作，到志同道合者组成捐赠圈，公益能凝聚多方合力、实现共创发展，离不开数字技术所带来的广泛、快速的连接力，而数字化公益平台的成立，则进一步有力聚合起各界资源，加强了慈善组织之间、人与人之间、人与慈善组织之间的联结，提高了社会公益资源的利用效率，让公益迎来更多的共创可能性。截至2021年年底，我国已有30家互联网募捐信息平台为慈善组织提供公开募捐信息发布服务，这些互联网公益平台的带动效应也越发突出。截至 2021 年 11 月底，30 家平台年度募集善款总额为 87.5 亿元，带动了 7.7 亿人次参与捐赠，较 2020 年 20 家平台年度募集善款总额的 82 亿元增加 5.5 亿元。

基于丰富的市场渠道、庞大的用户群体，互联网企业提供的公益平台让公益资源的对接与合作更加高效，带动更多人参与公益。如阿里"公益宝贝"计划就帮商家精选公益合作伙伴，并通过爱心商家榜单、公益专属标识、品牌露出支持等方式，在一定程度上提升了商家的消费者好感度。为了持续建立公益商户和爱心网友的信任，美团公益平台则自主研发善款追踪系统，发挥自身在数字科技方面的优势，结合慈善组织在项目实施端的优势，共同探索了一套较为完善的从捐赠到执行的闭环流程，让每一笔善款可追溯，帮大家明明白白做公益，解决了捐赠人反馈的问题，实现了对善款走向的实时追踪。

在字节跳动公益与中国社会福利基金会免费午餐基金在抖音发起的 # 点画成真 # 公益挑战赛中，受助者与爱心人士、资助者实现了互动。皮卡丘和哆啦 A 梦形状的饭团，淋上番茄汁的糖醋鱼……免费午餐项目在抖音发布乡村学童的画作视频，在视频里，孩子们用画笔画出了自己的午餐愿望，请远方的哥哥姐姐们实现自己的"美食梦"。看到孩子们的简笔画之后，抖音的创作者们接受挑战，用厨艺还原画中的食物，也用这种有趣又有爱的互动号召更多爱心网友通过视频中的公益入口参与捐赠。除了众多视频博主，十余位明星也参与了这一活动，让更多人关注到了偏远山区儿童午餐营养不足的社会议题。

近年来，在数字化的加持下，公益多元共创的趋势越发明显。2021 年 3 月，阿里巴巴公益、支付宝公益两大平台与百余家头部公益机构联合发布了"XIN 益佰计划"，将聚焦大健康、儿童领域和应急响应三大议题，在未来 3 至 5 年的时间内共同打造 100 个更创新、更高效解决社会问题的"好项目"，并计划联动千万网商与 10 亿消费者一起参与。这是一个构建价值共同体的过程，当公益组织、平台机构、捐赠人、受助人以及政府部门、社会公众之间的联结不断加深，公益将在多元力量的协同下更有影响力，逐渐形成融合共生的行业生态。

在共创之下，公益也迎来了多方的注视和监督，持续提升公益项目的执行完整度和透明度成为必要，越来越多的企业开始主动披露捐赠资源的使用情况和落实效果，带动公益向着透明化方向发展。

2021年7月中下旬，河南多地出现持续性强降雨天气，降雨总量大、强度高，郑州、焦作、新乡等10地市出现特大暴雨洪涝灾害，给经济社会发展和人民群众生命财产安全造成重大损失。灾情牵动着全国人民的心，社会各界积极伸出援手，助力抗洪救灾。众多爱心企业在紧急上线救援措施驰援河南的同时，也在"益企撑河南·晒清单"行动的呼吁之下，公开捐赠明细，回应公众对于捐赠财物由谁接收调配、如何使用和具体去向、落实的具体时间和人员等问题。在7月21日凌晨紧急捐赠1亿元善款的腾讯公益慈善基金会，就在7月26日不到一周的时间内公示了这1亿元捐款的使用明细。

美团"乡村儿童操场"公益计划，则是数字技术与公益慈善结合的创新实践。这个项目充分发挥了慈善组织在项目实施端的专业性，用专业的项目能力使受益人得到更好的发展变化。与此同时，慈善组织壹基金自身也已经建立了一套较为顺畅的沟通机制和业务管理模式，目前已实现操场当月筹满、次月建成。基于"善款追踪系统"，操场以一块铺设场地所需拼接地板为单位，爱心网友和爱心商家每捐赠20元，就相当于捐出一块拼接地板（含拼接地板及运输安装、体能游戏综合器材、教师培训等费用均摊），并能在公益档案中查看自己的捐赠形成了多少块拼接地板，以及每块拼接地板用于哪个幼儿园的第几行第几列。参加了这一公益计划捐赠的大理半吨酒店管理有限公司副总经理刘沐灵说，"我们还可以在后台直接看到每个学校操场前后的对比照片，包括小朋友的笑脸。各种细节的披露，让我们对这个活动的信任度特别高"。可以看到，当每一笔善款的去向和成效都变得清晰可见，爱心成果的可视化、透明化也将提升捐赠者对公益项目的信任感。

另外,美团"乡村儿童操场"公益计划还联动美团单车、电单车用户与社会爱心人士,一起为乡村学校捐建操场。2021年世界地球日,美团跨界联手摇滚乐队后海大鲨鱼,向青海省西宁市大通县韭菜沟村捐赠了公益环保操场。该球场由美团单车、电单车用户通过绿色低碳骑行,累计骑行里程,美团配捐善款,后海大鲨鱼主唱付菡参与设计,在方便韭菜沟村的孩子们奔跑运动的同时,鼓励更多人保护自然、低碳生活,展现出公益共创在乡村教育领域的更多可能。

随着社会数字化程度的加深,数字技术正在提升相关方的连接效率、优化公益项目执行流程、加深透明度等方面发挥作用,不同社会力量之间的数字化连接让公益的联合协作更加高效,公益生态也将更深地走向共建共享、开放透明。

延伸阅读

暴雨之下,2597名商户组成救援"方舟"

张女士是郑州一家产后护理月子中心的经理,7月20日傍晚,眼见着雨越下越大,她把楼下避雨的人都招呼进了店里,为大家提供毛巾和热水,还把店里有的面包和麻花都拿了出来,让大家分着都吃上一口。

暴雨还在继续,店里人越来越多,郑州部分地区开始断水断电,在母婴护理行业工作了十年的张女士马上想到,在这样的情况下,会有很多出生不久的宝宝急需要救助。于是,她果断下架了美团店铺里的所有团购套餐,只留下了"新生儿免费入住"的信息,希望更多人能看到。随后,她又在美团后台登记了"河南临时安置地点信息汇总",为孕妇和三个月以内的新生儿提供援助。

很快,求助电话不断涌来,陆续有十几个家庭入住。张女士

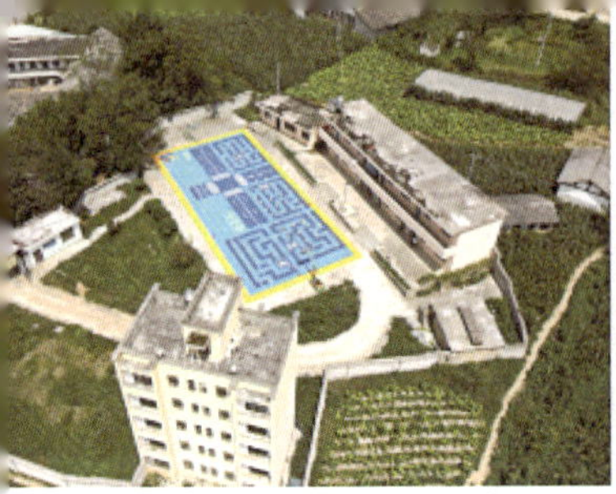
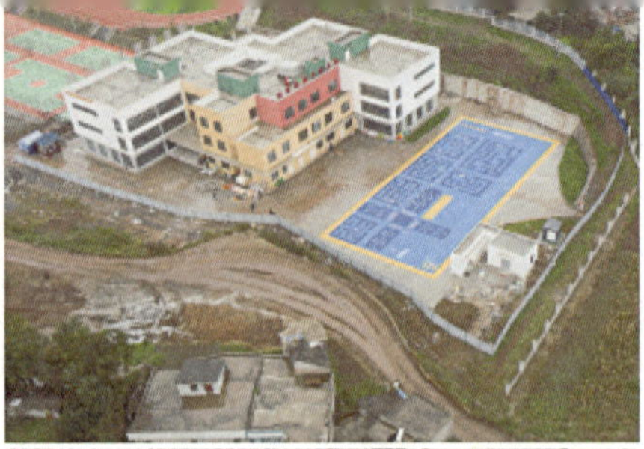
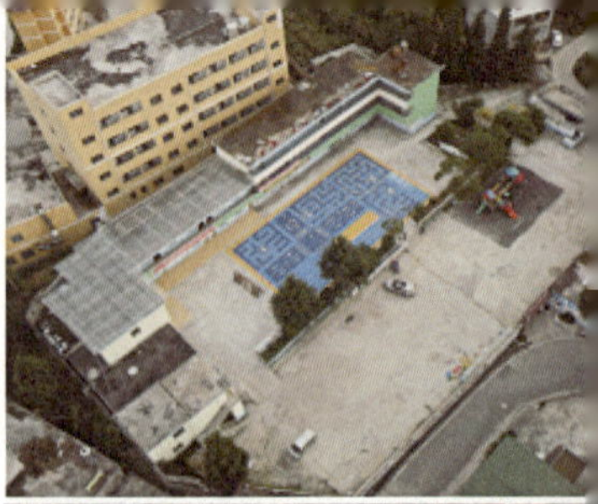
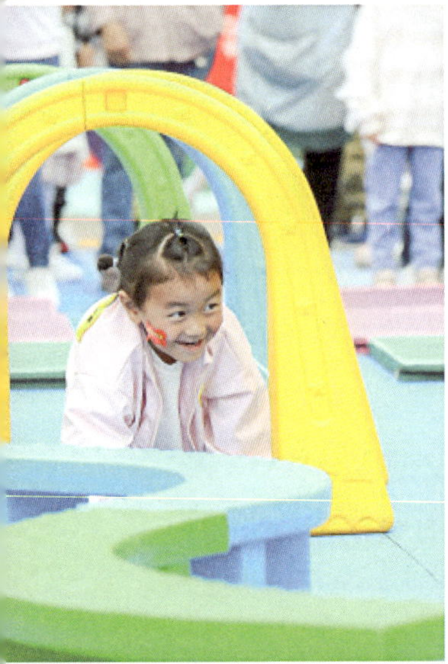
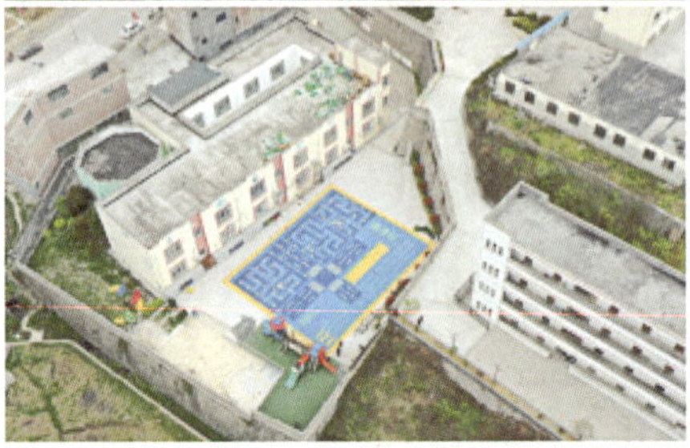
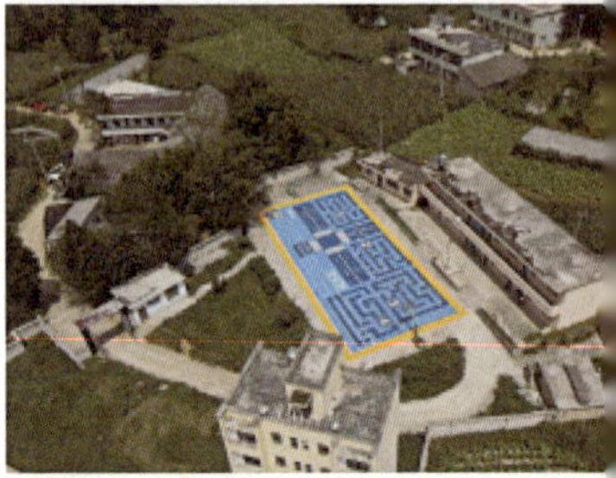
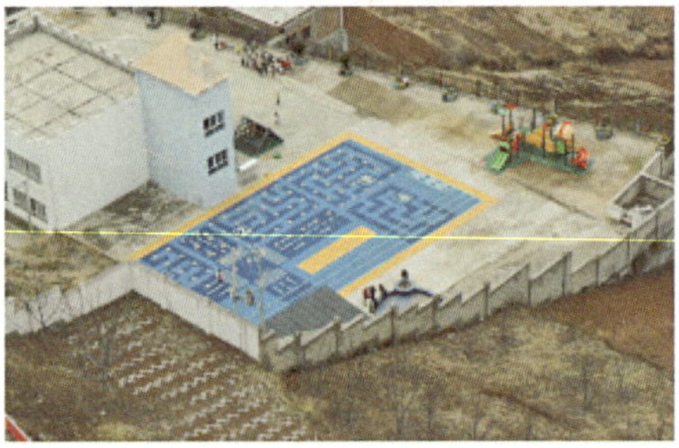
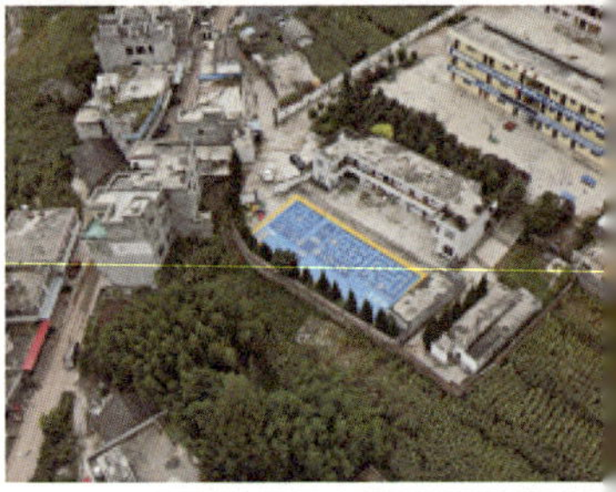
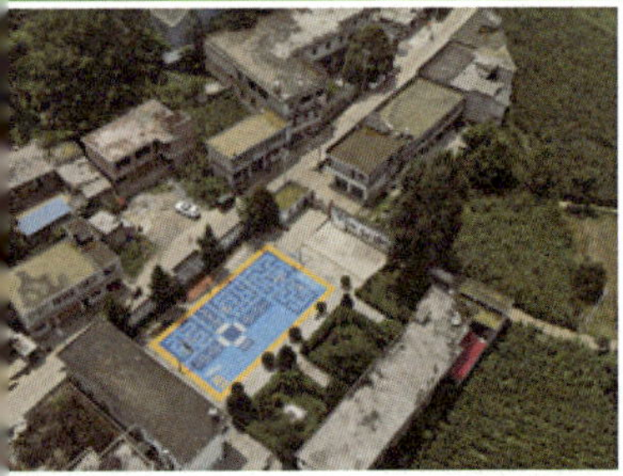
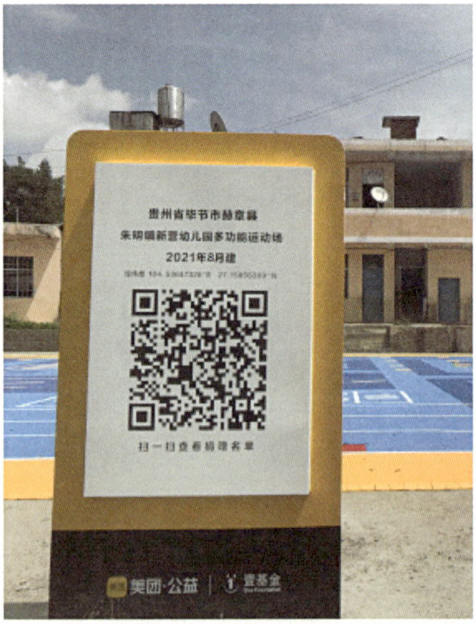
贵州省毕节市赫章县
朱明镇新营幼儿园多功能运动场
2021年8月建
扫一扫查看捐赠名单
美团·公益
壹基金
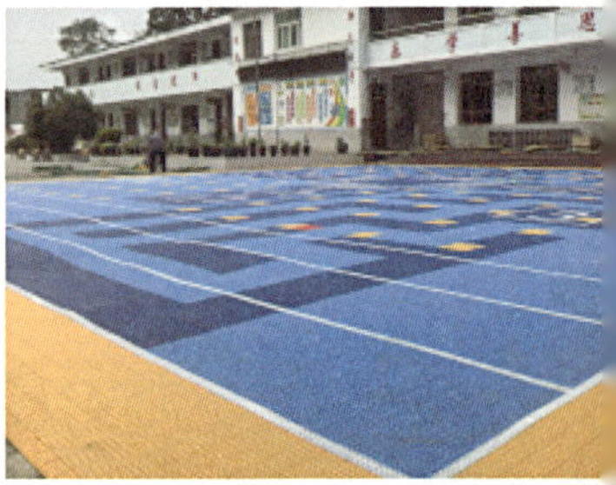
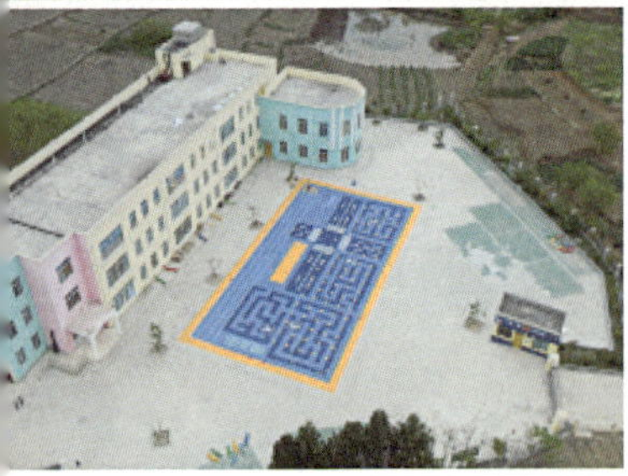
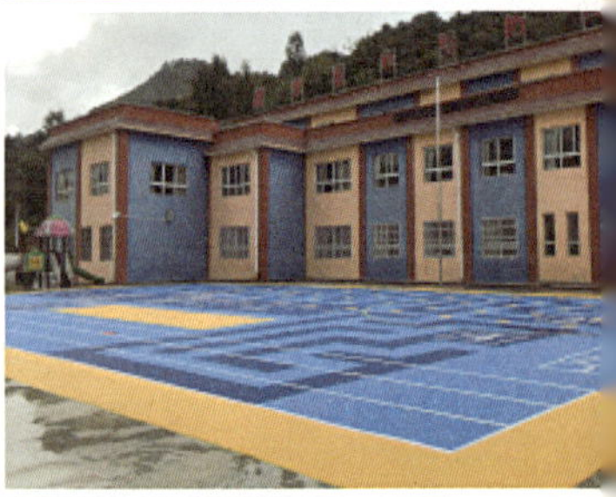
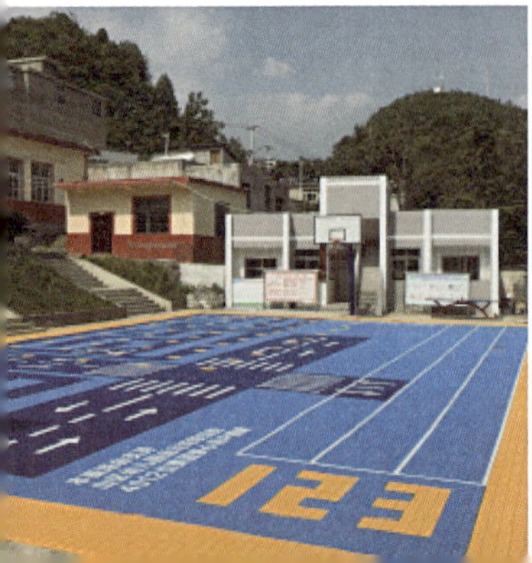
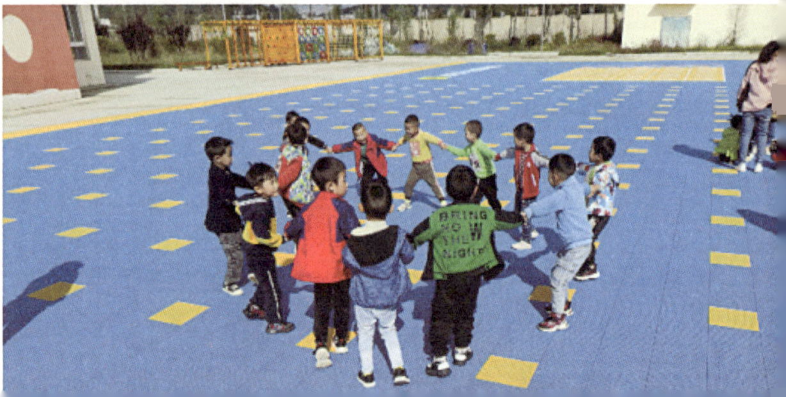

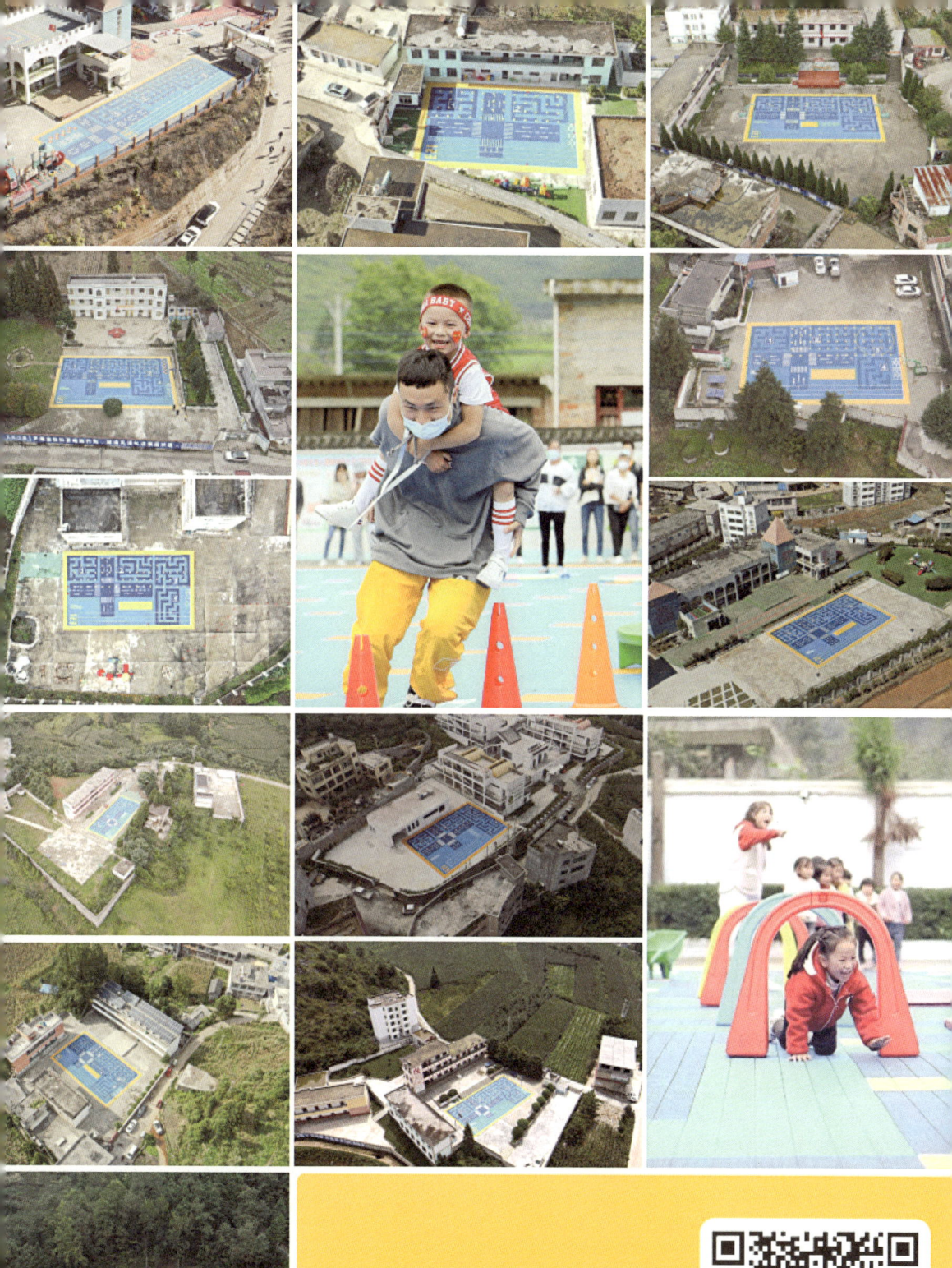

扫一扫了解
美团"乡村儿童操场"公益计划

给店里30多名员工排了班，大家接力连轴转：联系救援车辆对接，给所有宝宝做体征评估，又给宝宝和妈妈进行及时针对性护理。张女士说，援助是在多方合力之下才能成功运转起来的，这让她觉得"人间值得"。

暴雨期间，还有很多郑州商户像张女士一样，向需要帮助的陌生人伸出了援助之手。"没水房间打扫不了，马桶没法用。不嫌弃的可以来""可以来店里避险，有桌椅和简单食物凑合过夜""为无家可归的人提供免费住宿"……从雨量最大的20日开始，爱心商户们通过朋友圈，以及所在的美团平台传播救助信息，在暴雨之下撑起一个个小小的避风港。

面对突如其来的灾情，所有人都在全力以赴。7月21日，美团捐赠1亿元人民币，聚焦为受灾群众生活安置、灾后卫生防疫等提供服务。在了解到实际的救助需求之后，为了将散落在互联网上的公益救助信息汇聚在一起，美团的工作人员开始紧急搭建信息页。7月21日凌晨3点，美团紧急临时安置酒店信息商户问卷上线，收集愿意提供免费住宿、热水、充电等援助的爱心商户。7月21日10点49分，河南临时安置酒店信息页正式在美团APP上线并滚动更新。截至7月22日10点，有2597家商户报名。随着报名商户源源不断地增加，这场多方协同的援助行动，也在风雨之下点亮更多小小"方舟"，让善意不断被传递。

▶ 拓展捐赠边界，数字技术激发公益蓬勃动能

第三次分配被喻为是促进社会公平正义的"温柔之手"，能够有效促进社会资源在不同群体间的均衡流动。从分配的内容来看，要充分发挥第三次分配优化资源配置的作用，在数字技术已经成为无形社会要素资源的今天，除了传统的财产、物资，还应把目光投向大数据、区块链、AI等具有市场价值的要素。作为第三次分配的主要方式，近年来公益慈善事业已经突破小小的捐款箱，技术开始成为一种公益资源，延伸公益捐赠边界，丰富着第三次分配的内容。

2021年9月，国内首款公益音乐数字藏品上线，中国绿色碳汇基金会小小卫士基金邀请小柯、胡彦斌、董冬冬、郝云、毛不易5位音乐人以自然界的声音为素材进行音乐创作，作品以数字藏品的形式记录并免费发放给环保人士，呼吁更多人关爱自然。数字藏品依赖于区块链技术，百度超级链为这一公益数字藏品的发行提供了免费的区块链技术和服务支持。

与之类似，海康威视在此前启动了"STAR公益伙伴计划"，基于其AI开放平台，免费为各类公益组织提供算法训练等功能，助力公益组织快速提升项目中所需的智能感知、认知能力，协助公益项目落地。目前，该平台能覆盖绝大多数的视觉AI应用场景，为鸟类保护、大中型哺乳动物保护等众多公益项目提供了AI能力支持。

像这样开放技术能力助力公益事业开展，正在成为很多科技企业的选择。相比传统的捐钱捐物，技术能力的捐赠体现了企业对社会长期发展和更广泛的公益议题的关注。科技应用于公益，也成为数字时代公益的鲜明特

征。在 2021 年腾讯 99 公益日上，腾讯即表示将继续开放自身的产品与技术能力，为国内上万家公益组织提供"数字化工具箱"，帮助公益组织提升项目运营、善款管理、透明披露、公众动员、社会创新等核心能力。

面对突发的灾情，企业的技术能力也在发挥着积极作用，河南暴雨期间，高德就发布了"河南暴雨积水地图"，当地用户可直接点击地图上的"积水点"图标，进入相关聊天室发布求救信息，并获得救援队电话、避难场所位置等即时资讯。2021 年 7 月，在南京等多地突发疫情后，数据智能服务商每日互动组成的大数据防疫团队"个医"为疫情防控机制提供了技术支持。此前，其研发的"新冠防疫数据智能平台"被列入民政部"社区防控信息化产品清单"及工业和信息化部"支撑疫情防控和复工复产复课大数据产品和解决方案名单"。

让技术发展服务于社会，是社会各界投身技术公益的动因所在。2021年，在乡村振兴这一重要的社会领域，更多的技术力量也投入了进来，为乡村事业的发展提供技术支持和数字化服务。

对于浙江桐庐县莪山畲族乡的小学生钟鹰航来说，村庄的数字化让他的课堂变得更有趣了。疫情期间，坐在教室里的他通过 5G 网络，沉浸式游览了良渚博物馆。这得益于北京大学数字治理与城乡共富实验室推动的"全国少数民族 5G 应用第一乡"建设。在写给实验室主任唐琦的感谢信中，钟鹰航说，"谢谢你们，带我们看到了外面的世界"。

送技术下乡的故事还有很多：京东物流让大型智能物流仓首次落地青藏高原，其自主研发的搬运型 AGV 机器人提高了分拣效能和准确度，加快了当地物流周转速度；依托 5G 网络技术，中国移动重庆公司在巫溪等区县开展"5G+ 益农直播"活动，为村民高清直播带货提供保障；美团启动了"乡村振兴电商带头人培训计划"，通过为返乡创业大学生、驻村第一书记和农村电商从业者等群体提供专业培训，帮助其掌握电商运营、品牌打造等知识，让乡村电商人会用技术、用好技术……

授人以鱼，不如授人以渔。公益不只是一时的赈灾济贫，也是以推动社

云南楚雄，学生在老师的指导下使用 VR 设备

会发展为目的，让被捐助者能够自给自足、长期摆脱困境。数字技术在田间地头的实践应用，正帮助乡村设施硬起来、产业旺起来、人才活起来，公益力量在广袤的乡村走得更久、更远，助力乡村振兴踏实向前迈进。

从传统的捐钱捐物，到技术成为一种公益资源，数字化让公益捐赠的内涵更加丰富，诠释了第三次分配优化社会资源配置、促进社会资源合理流动的应有之义。另一方面，对众多企业和公益机构而言，数字技术也成为一种工具，能帮助其设计优化更符合实际的公益项目，同时更高效地执行公益项目，社会资源的流动得以更好的进行。

2021 年，顺丰公益基金会人脸识别系统上线，获得莲花助学公益项目资助的 7719 名学子方便快捷地领到了助学金。在身份信息被快速确认后，617.52 万元助学金最快 5 分钟便分别到达了他们的账户，此前发放周期长、环节多的难题得到了解决。

这一人脸识别技术依赖于 AI 的发展，近年来，AI 对公益的赋能不止于此。

已经在海上追逐白海豚 11 年的郑锐强是公益机构智渔的一员，在过去的研究保护过程中，他往往需要把一大片海域分割成棋盘一样的区域并设计一系列航线，把所有白海豚有可能出现的区域都走一遍，才有可能拿到区域内所有海豚的分布数据。在出海回来后，他还需要把上千张照片与已有的数据库进行对比，分出不同的海豚，并为发现的新海豚建立新档案。

中华白海豚

这是一项需要技巧和耐心，且数据量巨大的工作。繁重的工作量和高投入成本曾让郑瑞强的研究工作一度陷入低谷。不过，AI 技术的出现让他找回了最初的热情。大量数据的积累和学习能够发现白海豚的生活习性和迁徙规律，为此，智渔团队开发了首个中华白海豚个体识别与公民科学工具 iDOLPHIN 小程序，该程序能够提升个体识别的运算速度，将单张图片的识别准确率提高到了 93% 以上，从上传照片到处理照片再到反馈结果，整个过程仅需 10 秒。不仅如此，小程序还将对公众开放，当使用者在野外看到白海豚，可以用小程序拍下它的背鳍，系统将匹配出这是哪一只白海豚，丰富云端数据库。

在帮助特殊人群的公益中，AI 也正在发挥作用。无障碍智能通信产品

"爱听助理"是科大讯飞为听障人士送上的免费礼物。基于 AI 技术，"爱听助理"支持实时通话过程中的语音文字转译、AI 助理代接、拍图朗读、面对面聊天等功能，能帮助听障人士正常接打电话和交流。此前，讯飞输入法还联合小米 MIUI 为视障人群定制无障碍输入，通过语音识别、OCR 识别、AI 翻译等功能，让视障群体也能顺利表达。

公益机构也正运用数字技术提高日常工作效率和专业度，从而更好地投入社会公益事业中。《"十四五"社会组织发展规划》指出，要推动社会组织发展从"多不多""快不快"向"稳不稳""好不好"转变，从注重数量增长、规模扩张向能力提升、作用发挥转型。其中，社会组织在自身建设中要加强数字赋能，推广社会组织智能化办公系统，落实线上线下信息公开机制，提升"互联网＋"服务水平。腾讯基金会发布的《2021 公益数字化研究报告》表明，近 7 成公益组织负责人表示对数字化有需求。

不少社会组织在 2021 年加快了自身的数字化能力建设。以爱德基金会为例，在建立线上分账系统应对捐赠高峰期、建立 e 万行动项目管理系统协助项目管理之后，2021 年，基金会又通过上线新版官网、电子票据系统、联合劝募伙伴维护系统、爱成团志愿者招募小程序等数字化工具，进一步方便工作开展。其中，捐赠电子票据的开具解决了邮寄资料缓慢、易丢失等问题，提升了大众的捐赠体验。联劝公益基金会的电子票据系统则已稳定运行近两年，2020 年刚刚高中毕业的张书豪在发起联劝山前专项基金后，获得了联劝公益开出的第一张公益电子票据，那也是上海市第一张公益事业捐赠电子票据。

进入"十四五"，新一轮科技革命加速演进，数字技术成为公益事业健康有序发展的重要推动力量。不管是技术成为新的公益资源，还是公益机构自身的数字化转型，可以看到，在公益项目的设计、执行和管理各个环节，科技的重要性都在不断凸显。未来，伴随着慈善法修订工作的开展，顶层设计的完善将为公益慈善事业提供根本性的法律保障，而更多新技术的诞生和应用，也将进一步延伸公益边界，更好地响应共同富裕这一社会共同目标。

> **延伸阅读**
>
> **大学生团队免费"AI 图像修复"照亮走失孩子"回家路"**
>
> 2021 年 12 月,电影《亲爱的》的原型人物之一孙海洋,终于在现实中迎来了圆满结局。14 年的漫漫"寻子路"之后,孙海洋与儿子孙卓最终在深圳成功认亲。
>
> 在镜头中看到父子二人紧紧相拥时,"悟空游"团队成员觉得收获了比物质更珍贵的东西。5 个多月前,"悟空游"团队曾受某公益组织邀请,利用"AI 图像修复"技术,先后修复了监控视频中的人贩子画面、孙卓儿时旧照,以及孙海洋年轻时的照片。
>
> "悟空游"团队由华中科技大学软件学院博士生盛建中组建,团队十余名大学生来自华中科大、武汉大学、武汉理工大学 3 所高校,团队自主研发"AI 宝贝:应用于寻亲的图像高超分辨率修复系统",通过"全局修复""人脸增强""超分辨率重建"三大技术应用,解决寻亲照片中"人脸不够清晰"这一核心问题。两年来,"悟空游"团队已免费为 1000 余名走失儿童修复模糊旧照。其中,6 人在照片修复后 1 个多月至 1 年多的时间里,回到了亲人身边。"能找到亲人最好。若找不到,还有一张清晰的照片给家属留个念想。"盛建中这样看待团队这份坚持的意义。
>
> 陕西省宝鸡市千阳县的蒲牛娃就是一位被找回的走失儿童,蒲牛娃 1985 年出生,1989 年走失。2021 年 5 月 10 日,盛建中的团队对其走失前的旧照片进行修复,照片上的蒲牛娃从面目模糊变得高清可辨、五官灵动。36 天后,走丢 32 年的蒲牛娃被找到,与家人团聚。
>
> 盛建中说,电影《失孤》中刘德华饰演的"父亲"在寻子时,将孩子的相片印刷在旗子上;现实生活中,也有一些寻亲家庭想将孩子相片印制在汽车上,"这意味着,照片首先需要五官清晰、像

素高"。于是，盛建中与一家知名寻亲公益组织取得联系，达成初步合作意向，免费修复该平台提供的走失儿童模糊照片，并以此设计成"爱心胶带"，将修复后的照片和寻亲信息印制在胶带上，方便寻亲信息扩散。

此外，修复完善后的照片还被用于"寻亲版"网页、SIM卡、彩铃、共享单车吊牌、食品包装袋上……目前，团队参与制作的爱心产品类别达25种、分布10大行业领域。遍及18个省份的85家企业相继参与到这场爱心接力中。"让寻亲照片更清晰、传播面更广。"这是盛建中创立团队时的初心，如今正一步步成为现实。

■ 专家观点

数字化是撬动乡村振兴和共同富裕的强大杠杆
——乡村振兴视角下数字科技的社会价值简析

许元荣

（苏州大学国家基层治理研究院副院长、特聘教授）

"十四五"规划提出，迎接数字时代，激活数据要素潜能，以数字化转型整体驱动生产方式、生活方式和治理方式变革，打造数字经济新优势。随后，国务院发布《"十四五"数字经济发展规划》，这是我国首部国家级数字经济专项规划，体现了中央层面的高度重视。这标志着数字经济成为中国经济的活跃增长极、强大驱动力、显著新优势。

"十四五"时期，着眼乡村振兴和共同富裕事业，迫切需要数字科技向乡村地区广泛地渗透、延伸、嫁接，开创数字乡村新局面。用数字科技改造农村基础设施、优化生产方式、变革经营方式、创新公共服务，更好地解决为谁生产、生产什么、生产多少、如何流通等基本问题，在许多地方已经有了高质量的示范样本，"十四五"将更加全面地推开。在这个数字化变革浪潮中，数字科技的社会价值将得到更加充分的释放。

一、数字化推动农业生产方式新飞跃、乡村数据生产要素活起来

如何让数字科技在农业生产提质增效中发挥重要作用，成为撬动乡村

振兴和共同富裕的强有力杠杆？其关键在于深入推进农业生产方式数字化转型，全面盘活农业农村数据生产要素，从而推动农业全要素生产率持续提升。

以数字化推动农业生产方式实现新飞跃。当前，我国农业生产数字化水平还比较低，与国际先进水平相比差距还比较大。2021年，农业农村部对全国县域农业农村信息化发展水平进行了检测评估，结果显示：全国农业生产信息化水平仅为22.5%，26.9%的县域农业生产信息化水平低于5%。而在美国，平均每个农场拥有约50台物联网设备，80%的大农场已经实现生产全程数字化。面向未来，在乡村振兴和共同富裕的战略部署下，数字化推动农业生产效率变革、质量变革、动力变革的巨大潜力有待挖掘。着眼于数字技术与种植业、种业、畜牧业、渔业、农产品加工业的深度融合，要推动智能感知、智能分析、智能控制技术与装备在农业生产中的集成应用，促进智慧农场、智慧牧场、智慧渔场建设由点及面铺开；要推进无人农场试点，通过远程控制、半自动控制或自主控制，实现农场作业全过程智能化、无人化；要普及数字育种技术应用，建设数字育种服务平台，实现"经验育种"向"精确育种"转变。农业生产方式数字化，将有效促进农业生产效能提升、人力成本下降，抵消务农人口老龄化、兼业化造成的农业投入下降，加快农民增收，促进共同富裕。

以数字化带动乡村数据生产要素活起来。农业农村大数据是推进农业现代化的新型资源要素，然而我国农业农村数据底数不清、核心数据缺失、数据质量不高、共享开放不足、开发利用不够，长期处于"沉睡"状态。发展农业农村大数据，关键在于构建农业农村基础数据资源体系，根据国家《数字农业农村发展规划》等顶层设计，农业自然资源大数据、重要农业种质资源大数据、农村集体资产大数据、农户和新型农业经营主体大数据等五类数据是建设支柱。激活农业农村大数据对于农业提质增效、农民共同富裕具有多重价值：依托大数据可深化农产品供给侧结构性改革，提高农业全要素利用效率；可引导农民生产经营决策科学化、精准化、高效化，让农民充分分享数字化发展红利。

二、数字化促进农业经营方式发生根本性变革

一个非常突出的趋势是,"十四五"期间农业经营方式将在数字技术的赋能之下,加快创新升级和现代化,更加丰富多彩和生机勃勃,有力促进乡村振兴和共同富裕。研读一下2022年中央一号文件、国务院发布的《"十四五"推进农业农村现代化规划》、商务部等多部委发布的《"十四五"电子商务发展规划》等顶层设计文件,可以发现中央层面非常重视四项重大行动,均与数字化浪潮息息相关,旨在为"小农户如何接入大市场"这个长期困扰的旧问题提供全新解决方案:"数商兴农"工程;"互联网+"农产品出村进城工程;扩大农村电商覆盖面;加快贯通县乡村物流配送体系。

毫无疑问,这四项战略行动,将极大地重塑农业经营方式,促进乡村数字经济高质量发展。"数商兴农"工程:重在引导电商企业积极发展农村电商新基建,实现农村电商基础设施的数字化、网络化、智能化升级改造;以电商大数据帮助农民解决生产什么、为谁生产、生产多少等基本问题,推动农业供给侧结构性改革,还要培育一批农产品网络品牌。"互联网+"农产品出村进城工程:重点包括优化农村电子商务公共服务中心功能;在规范的前提下鼓励运用短视频、直播等新型营销模式,尤其是鼓励网络预售、领养、定制等产销对接新方式,这对长期稳定、精准对接的供需关系非常重要。扩大电子商务进农村覆盖面:强调要支持农村居民开展电商创业,加强对乡村创业者品牌设计、市场营销、电商应用等专业技能的培训,以此促进农村电商主体的数量和质量两方面再上台阶。此外,各级政府还要加大力度全方位引导电商、物流、商贸、金融、供销、邮政、快递等市场主体将资源下沉到乡村,形成推动农村数字经济发展的强大合力。加快农村物流快递网点布局("快递进村"工程):旨在打造县乡村三级物流配送体系,鼓励发展"多站合一"的乡镇客货邮综合服务站、"一点多能"的村级寄递物流综合服

务点。一个十分重要的牵引力是，大型流通企业要下沉供应链，发挥数字调度能力，调动乡村闲置运力，助力冷链网络向农村延伸，推动农资下乡和农产品上行双向畅通。

三、数字化促进城乡公共服务落差快速缩小

实现城乡共同富裕，必须借力数字化改革的"科技杠杆"，消除城乡公共服务的落差，做到均等普惠。从地方实践上看，浙江数字化改革的"金名片"越擦越亮，并在促进共享共富方面表现出巨大潜力。传统公共服务城乡差别突出，"一碗水端平很难"，但浙江借助数字科技杠杆掀起一场"公共服务均等化"变革：以数字大脑为中枢平台，为城乡居民提供全链条、全周期的多样、均等、便捷社会服务，幼有所育、学有所教、劳有所得、住有所居、文有所化、体有所健、游有所乐、病有所医、老有所养、弱有所扶、行有所畅、事有所便，社会事业12大领域样样都有，后续根据群众需求还会动态增加，乡村居民的公共服务质量在统一的数字服务平台中获得持续提升。

数字科技打破城乡教育落差的巨大潜力令人充满期待。中央网信办等十部门联合印发的《数字乡村发展行动计划（2022—2025年）》中指出，深化乡村"互联网＋教育"，加快推动农村地区学校数字校园建设，持续改善农村地区薄弱学校网络教学环境，完善互联互通、开放灵活、多级分布、覆盖全国、共治共享、协同服务的国家数字教育资源公共服务体系，优化国家中小学网络云平台，助力农村地区学校师生共享优质教育资源。跟其他改革措施相比较，数字化手段是成本低、速度快、质量优的一种路径选择。"十四五"将会在几个方面加快乡村教育的数字化进程：一是加快"智慧教室"进乡村，配置智能化教育终端产品，使乡村学生也能在现代化的"智慧教室"中学习。二是高标准建设"国家基础教育云平台"，组织全国名校名师参与平台建设，汇聚高品质课程资源，推动农村中小学接入国家教育云平台，缩

小区域、城乡、校际、群体教育差别。三是开发基于大数据的智能诊断、资源推送和学习辅导等应用,以及基于人工智能的"智能学伴",实现"人机共教",提高乡村教学质量。

在缩小城乡医疗服务差距方面,数字科技同样极具想象空间。《数字乡村发展行动计划》中十分重视建立县域一体化远程医疗服务平台,这种农村"互联网+"医疗健康新模式,鼓励医疗机构发展远程医疗平台和互联网医院,非常高效地为乡村地区提供远程会诊、远程培训、双向转诊、互联网诊疗等服务。在浙江调研时,一位村民讲述了一次颇为感慨的"家门口"求医之旅:不久前68岁的母亲右腿骨折,原本想在镇卫生院简单治疗后再转诊上级医院。但经过一周左右的诊治,她就彻底打消了念头,"杭州大医院的医生每周都来,家门口就能预约专家号,随后的专家复诊扫码就能远程进行,还有'互联网+'中医远程会诊,看病和城里人一样方便。"展望未来,农民生活的现代化,会越来越倚重数字科技。

四、数字化为优化第三次分配和促进共同富裕带来新机遇

党的十九届四中全会指出,"重视发挥第三次分配作用,发展慈善等社会公益事业"。当前,数字科技正在推动三次分配改革朝着更加透明、高效、低成本的方向演进,"互联网+慈善"作为新型募集和捐赠模式,可以更加积极地作用于社会资源和财富的再分配,成为助力乡村振兴、实现共同富裕的新抓手。

2017年,民政部指定首批慈善组织互联网募捐信息平台,我国"互联网+慈善"事业开始加速发展。目前,"互联网+慈善"平台的项目涉及扶贫、教育、医疗、救助、赈灾、志愿服务、社区服务、就业创业等多个领域,在我国农村涌现出多样化的慈善业态。主要模式有:一是将电商与扶贫结合,比如社区电商销售滞销农产品效果令人瞩目,促进农民增收和乡村产业振兴。二是降低捐赠门槛,让乡村慈善变得触手可及。例如,"网络种树""集

小红花""捐步""捐声音"等新的捐赠形式，链接城市生活场景，通过网络缴费、网络购物、运动计步等日常生活场景，便利城市人口随时随地参与乡村公益项目。三是大幅提升乡村慈善的供需对接精准度、透明度。募捐平台依靠大数据智能验证系统保证患者身份信息和需求信息的真实性，确保捐助者的善举能够透明、高效、精准地直达被捐助者。

着眼未来，随着数字化技术的进一步发展，区块链技术赋能三次分配可能会成为一个重要方向。区块链具有分布式存储、不可篡改、公开透明、可追溯等特点，而慈善恰恰是一个非常需要公平公正、诚实信用的领域，是区块链技术的天然应用场景。可以预见，区块链技术与慈善行业的融合，不仅能够破解效率、公平与公信力问题，还能促进共建、共治、共享的数字化社会治理新格局，为乡村振兴和共同富裕带来助力。

年度热词

共同富裕：2021年8月，中央财经委员会第十次会议对共同富裕问题进行了专题研究，习近平总书记在会上发表重要讲话强调，共同富裕是社会主义的本质要求，是中国式现代化的重要特征，要坚持以人民为中心的发展思想，在高质量发展中促进共同富裕。

第三次分配：在中国，"三次分配"的理论最早由经济学家厉以宁在1994年提出，此后逐渐出现在官方文件中。相比于市场根据要素贡献进行的初次分配、政府通过国家意志进行的再分配，第三次分配是指包括企业、社会组织和个人在内的社会力量，以自愿和爱心为主观基础，通过民间捐赠、慈善事业、志愿者行动等多种形式实现社会财富和社会资源的再流动，是对初次分配和再分配的有益补充和促进共同富裕的重要途径。

月捐：月捐是爱心机构和个人通过网络平台支付，每月主动、持续地向公益组织和公益项目进行定额捐赠的方式。近年来，随着经济社会发展以及公益事业逐渐壮大，出现了越来越多的理性捐赠者，月捐形态日趋丰富、规模不断提升，逐渐成为公益组织可持续运营的重要资金来源。

捐赠圈：捐赠圈是指一群志同道合的人，自发聚集资金，群策群力共同决定如何使用善款，从而达到扩大影响力的一种慈善捐赠方式，其特点是去中心化，形式更加灵活多样化，对捐赠金额、参与人数和主体机构没有固定限制。

技术下乡：技术下乡是把科学技术提供给农村，以节省财力、物力、人力等来提高产量和质量，为农民服务，包括科学育种、科学管理、科学防灾等。数字化时代，各种智能技术与装备正在农业领域和农村生活中得到广泛应用，助力乡村振兴。

书中关键词

消费篇关键词：

1. 消费
2. 适老化
3. 数字经济
4. 国潮
5. 绿色消费
6. 旅游
7. 电商
8. 新业态
9. 乡村振兴

新职业篇关键词：

1. 家门口就业
2. 返乡创业
3. 灵活就业
4. 稳就业
5. 劳动保障

产业篇关键词：

1. 中国智造
2. 自主创新
3. 餐饮数字化
4. 自动配送
5. 乡村电商
6. 智慧旅游
7. 地标小吃
8. 工业化生产

城市篇关键词：

1. 碳中和
2. 科学抗疫
3. 精细化
4. 大数据
5. 能源结构调整
6. 智慧城市

7. 常态化防控

公益篇关键词：
1. 全民公益
2. 互联网慈善
3. 月捐人
4. 社会化共创
5. 公益透明化
6. 技术公益
7. AI 赋能

城市案例

北　京：

东城区崇文门网购老人廖阿姨

朝阳区理性消费青年顾程橙双十一购买私教课

冬奥会机器人餐厅做菜色香味俱全

23岁智能硬件装调员月入2万

服务机器人应用技术员与机器人的日常

调饮师夏云龙：把"快乐"加进茶饮里

95后小伙成"宠物侦探"

35岁骑手靠努力成为7个站点的区域经理

珠宝专业本科生毕业开"微店"，欲打造自己品牌

计算机专业毕业从事二手车鉴定

"00后"骑手在家门口接受美团体检

北京将冬奥新技术成果用于城市发展

崇外街道西花市南里社区物业便民服务中心一店多能

大望路社区用动态地图破解城市潮汐难题

内蒙古：

红格尔苏木四子王旗村民也能买到热带水果

边陲小城额济纳旗的小城抗疫故事

天　津：
　　河西区的吕潇文一家国庆节选择本地旅游
　　红桥区引用大数据疫苗接种管理平台

上　海：
　　本土咖啡品牌 manner 探索中式咖啡
　　上海城市美好生活数字体征在监管小屏洞察城市供需变化
　　政府打造 IP 引导市民参与低碳
　　市民使用数字人民币骑美团单车

河　南：
　　郑州美团优选团长帮助 65 岁老年人实现手机"买菜自由"
　　外卖骑手梁磊职业认同感不断提升
　　许昌主城区居民出门不超过一刻钟可以买到各种生活必需品
　　"益企撑河南·晒清单"行动让公开捐赠更加清晰透明
　　2597 名美团商户组成救援"方舟"

浙　江：
　　瑞安市年轻妈妈叶子楣购买环保可再生面料毛衫
　　宁波镇海区澥浦镇十七房村通过绿色消费积分制度进行垃圾分类管理
　　温州市文旅局打造"百年风华·红动浙南"山体光影展
　　下城区卫生健康局引入"透明保洁智能监管系统"帮助酒店完成智慧布草
　　疫苗全链条追溯监管系统"浙苗链"对疫情接种全流程管理
　　温州乐清的正泰物联网传感器产业园采用光伏发电系统年节电 27 万元
　　桐庐县莪山畲族乡的小学生通过 5G 智慧课堂看到了外面的世界

江　西：
　　贵溪市居民方雯购买有机香米
　　赣州市安远县智运快线系统送快递
　　上饶抗疫插上高科技"翅膀"

四　川：
　　自贡灯会吸引百万游客参观
　　崇州知名店铺的星级设计师获得职业标准认证
　　成都龙泉驿智慧治理中心实现社区垃圾智能化处理
　　成都锦江区三圣街道喜树路多功能社区
　　成都市青羊区清源社区"惠民菜篮子项目"
　　成都打造超大城市低碳发展样本
　　五粮液将一部分酒糟通过生物质发电带来上亿元收入

湖　南：
　　湘西古丈县大型商业综合体满足小镇居民生活娱乐需求

山　东：
　　菏泽单县的"95后"李高彩买物美价廉智能小家电
　　泰山景区通过线上预约实现游客精准规划
　　"爱山东·日照通"APP满足市民异地就医需求
　　全国首家省级智慧化工综合管理平台实现能耗高效分析

山　西：
　　新元煤矿打通国内首个5G井下电话
　　神东煤炭集团自主研发一站式远程操控台
　　山西文旅数字体验馆通过VR让游客云游太行山

华阳新材料科技集团引用自主研发技术实现能源结构调整

山西祥源新型煤化工有限公司对生产加工进行绿色处理

"社会力量支持山西抗洪协调网络平台"让社会组织与公益人线上线下同频共振

云　南：

云南电信与玉溪新兴钢铁厂打造"5G 数字孪生透明工厂"

昆明 20 岁小伙张春 2 年时间从外卖骑手晋升为副站长

江　苏：

南京电信与中兴通讯打造全球首个 5G 应用型智能制造基地

南京重度肢体残疾人成互联网营销师，融入就业"大舞台"

常州中华恐龙园用数字黑科技吸引游客

无锡高新区今年打造"双碳大脑"方舟碳管理平台

美团自动配送车助力南京抗疫

南通"智能城市操作系统"对危化品进行全流程监管

广　东：

广州酒家推出预制菜月销售额超过 180 万元

美团、顺丰在深圳用无人机空投物资与核酸检测标本

深圳实施了科技抗疫专项，多家企业获技术突破

广东三大移动政务平台实现高频服务事项"指尖办理"

广　西：

柳州螺蛳粉工业城市的地标小吃产业化样本

柳江区百朋镇下伦屯退役军人通过拍摄短视频实现自主就业

黑龙江：
鹤岗小串的小城市大产业

湖　北：
外企高管放弃高薪选择回乡创业

辽　宁：
大连艺术学院虞海毕业后在兼职中实现创业梦

陕　西：
西安心脏病患者在 5G 救护车上做手术
西安市民居家隔离有了智能电磁门

福　建：
厦门地铁车站自动扶梯停止运行一小时鼓励市民使用步梯

青　海：
美团单车为西宁市大通县韭菜沟村捐赠公益环保篮球场

责任编辑：赵圣涛
封面设计：王欢欢
责任校对：吕　飞

图书在版编目（CIP）数据

从数字生活到数字社会：中国数字经济年度观察：2022 / 美团研究院 编著. —北京：人民出版社，2022.8
ISBN 978－7－01－024875－2

I. ①从… II. ①美… III. ①信息经济－研究－中国－2022 IV. ① F492

中国版本图书馆 CIP 数据核字（2022）第 121821 号

从数字生活到数字社会
CONG SHUZISHENGHUO DAO SHUZISHEHUI
——中国数字经济年度观察：2022

美团研究院　编著

人民出版社 出版发行
（100706　北京市东城区隆福寺街 99 号）

中煤（北京）印务有限公司印刷　新华书店经销

2022 年 8 月第 1 版　2022 年 8 月北京第 1 次印刷
开本：710 毫米 × 1000 毫米 1/16　印张：13.75
字数：193 千字

ISBN 978－7－01－024875－2　定价：79.00 元

邮购地址 100706　北京市东城区隆福寺街 99 号
人民东方图书销售中心　电话（010）65250042　65289539

版权所有·侵权必究
凡购买本社图书，如有印制质量问题，我社负责调换。
服务电话：（010）65250042